KICK-OFF IN DEIN WAHRES LEBEN

KICK-OFF IN DEIN WAHRES LEBEN

BESIEGE DEINE ANGST

KRISTIAN IGNATOV

www.kristianignatov.com

Autor: Kristian Ignatov

Coverdesign & Buchsatz: Heike Fröhling

Fotografin Coverbild: Anna Kohl, Victoria Fotoart

Lektorat: Susanne Hülsenbeck

Korrektorat: Ilka Bredemeier

ISBN: 9798624435285

Imprint: Independently published

Bibliografische Information der Deutschen Nationalbibliothek: Die Deutsche Nationalbibliothek verzeichnet diese Publikation in der Deutschen Nationalbibliografie; detaillierte bibliografische Daten sind im Internet über http://dnb.d-nb.de abrufbar.

INHALT

VORWORT

VON TANJA PETERS

Achtung, solltest du dein Leben nicht verändern wollen, dann klapp das Buch schnell wieder zu und leg es jetzt zurück ins Regal. Denn dieses Buch könnte dein Leben und dich nachhaltig verändern.

Falls du genau deshalb zu diesem Buch gegriffen hast, dann möchte ich dir gratulieren, denn du hast dir gerade selbst ein großes Geschenk gemacht.

Das Geschenk, deine Ängste zu überwinden und wirklich bei dir anzukommen. Das Geschenk, endlich frei zu sein von Sorgen, Zweifeln und einem schlechten Selbstwert. Das Geschenk, dein Leben wirklich und wahrhaftig nach deinen Wünschen, Träumen und Bedürfnissen zu gestalten.

Ich selbst beschäftige mich seit vielen Jahren damit, wie Menschen den MUT finden können, selbstbestimmt und frei zu leben. Auf diesem Weg durfte ich viel lernen und habe viele beeindruckende Persönlichkeiten kennengelernt – und Kristian Ignatov ist einer von ihnen.

Er berührt mit seiner eigenen Geschichte und damit, wie bereitwillig er diese mit den Menschen teilt. Er beeindruckt mit seiner großen Präsenz und Authentizität – auf und neben der Bühne.

Er teilt bereitwillig seine tiefe Erfahrung vom Leben und zeigt sich damit auch in seiner Verletzlichkeit.

Und seine reichhaltige Erfahrung hat er nun zwischen diese beiden Buchdeckel gepackt.

Darüber freue ich mich, denn die Welt braucht mehr MUT und mehr Menschen, die ihren Weg gehen, die an sich glauben und sich Großes zutrauen.

Deshalb wünsche ich dir nun die beste Reise deines Lebens – den besten Reisebegleiter hast du hiermit, da bin ich mir sicher.

Für diesen Weg wünsche ich dir stets ein mutiges Herz und ein kraftvolles JA! zu dir.

Herzlichst, Deine Tanja

Tanja Peters – Die Mutberaterin

Speakerin, Autorin und Coach

1

DEIN PERSÖNLICHER DURCHBRUCH

Wie ist es möglich, dass manche Menschen erfüllter und freier durchs Leben gehen als andere? Sind sie einfach gesegnet und haben Glück? Oder verfügen sie über ein anderes Bewusstsein und einen funktionaleren Umgang mit dem Leben?

Wünschst du dir, zu diesen Menschen zu gehören?

Willst du wahrhaftig leben und erfahren, wer du wirklich bist? Um ein Leben in deiner wahren Kraft und Größe, nach DEINEN Träumen und Regeln zu führen? Um zu erleben, wie sich wahre emotionale Freiheit und damit echtes Leben anfühlt?

Oder möchtest du erst auf dem Sterbebett, am Ende deiner Reise, aus dem Dornröschenschlaf erwachen und erfahren, dass du hättest dein eigenes Leben nach Wahrheit und Liebe ordnen können?

Das wäre eine etwas verspätete Erkenntnis, nicht wahr?

HERZLICH WILLKOMMEN AUF DEINER ABENTEUERREISE – deinem Leben.

Ich freue mich, dass du dich für diesen spannenden und höchst mutigen Weg entschieden hast, dein Glück selbst in die Hand zu nehmen! Dafür erst mal ein großes Dankeschön und Respekt von mir, denn allein mit dieser Entscheidung hebst du dich bereits von der Masse ab. Die meisten Menschen verharren nämlich zu gern in der passiven Opferrolle.

Ich verspreche dir, es wird spannend und nicht immer leicht. Aber du wirst erfahren, was es bedeutet, ein wahrhaftiges Leben zu leben, anstatt nur im komfortablen Mittelmaß konserviert zu über-leben.

Sprudelnde Energie, Lebendigkeit, Freude, Freiheit und Erfüllung warten am Ende deiner Reise auf dich. Vorausgesetzt natürlich, du setzt die durch dieses Buch gewonnenen Erkenntnisse in die Tat um. Denn Wissen allein reicht nicht. Ohne die Umsetzung verliert selbst das goldwerteste Wissen jeglichen Wert und bleibt lediglich intellektuelles Entertainment.

Ganz tief im Herzen spüren wir alle, dass das Leben weitaus mehr zu bieten hat, dass wir nicht in einem Gefühl von Kleinheit, im vertrauten Elend und gefangen in konditionierten Fesseln dahinvegetieren müssen.

Doch was hindert uns wirklich daran, eine echte und nachhaltige Veränderung zu vollziehen? Um was geht es wirklich in unserem Leben? Was blockiert uns auf tiefster Ebene und hält uns davon ab, ins Handeln zu kommen?

Es ist die ANGST.

Genauer gesagt ist es die fehlende Bereitschaft, mitten durch die eigenen Ängste zu gehen. Gleichwohl wartet genau hinter diesen Ängsten das wahre Leben.

Die Angst ist in unserem Leben der Hauptmotor, der uns an real gelebter Erfüllung hindert, abseits von Theorie und Intellektualität. Zugleich ist sie unser einziger Pfad hin zu unserem Glück. Du allein hast die Wahl und die Macht, zu entscheiden, ob du deine Angst als schlechten Ratgeber oder goldenen Wegweiser nützt.

Viele Menschen sehnen sich nach echter Veränderung, sowohl auf der Gefühlsebene als auch im Außen. Sie wollen nicht mehr gefallen und weiter nach den Erwartungen anderer leben. Wollen sich von Schuld, gesellschaftlichen Moralvorstellungen, Dogmen und beengenden Glaubensmustern befreien.

Sie möchten ein weites Leben erschaffen, ganz nach eigenen Regeln und Vorstellungen, in dem sie ihre wahre Natur authentisch zum Ausdruck bringen, frei von jeglichen Masken und strategischen Rollen. Um dadurch ihr wirkliches Potenzial an die Oberfläche zu bringen, das in ihnen schlummert. Den inneren Funken zu entdecken, der nur darauf wartet, endlich wieder entzündet zu werden. Um sich selbst wirklich zu entdecken und die eigene Kraft und Größe, die in jedem von uns steckt, wieder in Besitz zu nehmen.

Auf diesem Weg der Suche nach Lösungen haben sich viele Menschen satt gehört und satt probiert an Tipps, Methoden, Coachings, die nicht das gewünschte effektive und nachhaltige Resultat bewirken, all diese Videos, Meditationen, Affirmationen, das Rezitieren von Mantras vor dem Spiegel, das Aufsuchen diverser Therapeuten …

All diese erfolglosen Erfahrungen führen verständlicherweise zu Frustrationen, Zweifel und relativ oft zur Selbstaufgabe.

Weißt du, warum das passiert?

Weil das lediglich verzweifelte Versuche sind, die Angst zu umgehen, sie zu ignorieren.

Jeder Versuch, eine gefühlte Angst wegzuschieben, ist mit der Idee vergleichbar, ein unerwünschtes Unkrautgewächs im Garten oberflächlich zu beschneiden, anstatt es an der Wurzel herauszuziehen. So, als ob du täglich Parfüm auf die schmutzige Haut gibst, anstatt in die Dusche zu steigen. Du ahnst es: Der Gestank wird immer stärker, bis du dich selbst – und folglich auch andere – nicht mehr riechen kannst.

Aber nein - wir kratzen lieber an der Oberfläche, werfen die eigene kostbare Lebenszeit respektlos aus dem Fenster, versumpfen in Selbstmitleid und Ausreden und zeigen mit dem Finger auf andere. Warten auf den Wochenendtratsch mit der besten Freundin oder dem besten Freund, um uns gegenseitig auszuweinen, zu bemitleiden, wie böse doch die Welt da draußen ist.

Danach fühlt es sich kurzfristig leichter an. Wir verbleiben im gewohnten Mittelmaß, das wir Leben nennen. Während wir uns um andere Menschen kümmern und Gott und die Welt retten wollen, behandeln wir uns selbst wie Dreck.
Das soll ein Leben sein? Beantworte dir diese Frage bitte selbst!

Echte Veränderung, Wundheilung und persönliches Wachstum können niemals komplett angstfrei und höchst komfortabel stattfinden. Sie sind weder sexy noch in einem euphorischen Seminar mit bunten Luftballons möglich. Vergiss diesen Bullshit am besten gleich.

Aber der Preis und das Ergebnis, die sind sexy! Nein, viel mehr als nur sexy. Es ist ein Gefühlszustand, der mit Worten kaum zu beschreiben ist.

Schule Leben

Du fragst dich vielleicht, wieso ich mir anmaße zu behaupten, garantiert wirksame Lösungen und Betrachtungsweisen für dich parat zu haben?

Ganz einfach, ich kann es dir sagen: Weil sie FUNKTIONIEREN.

Das war, ist und wird für mich immer das einzige Maß der Dinge und das Ziel sein.

Ja, ich bin Real-Life-Coach. Aber ich bin auch Fighter und Kampfkünstler. Es liegt im Wesen meiner Natur und in der Mentalität eines Kampfkünstlers, die Qualität einer Sache an deren Funktionalität zu messen. Nicht am Wort, an Gedanken, an der Philosophie oder was auch immer. Das Resultat zählt und setzt jegliche Theorie außer Gefecht.

Die ausschlaggebende Frage lautet: Ist dir das, was du umzusetzen versuchst, hinsichtlich deines Bestrebens funktional und dienlich – oder nicht? Bringt es dich deinem Ziel näher oder stößt es dich davon ab? Simpel. Wie alles im Leben, was wahr ist.

Schule Kampfkunst

Als Meister der Kampfkünste machte ich die Erfahrung, dass Kampfkunst wie ein Mikrokosmos des Lebens ist. Die Prinzipien, Philosophien und Herausforderungen unterscheiden sich kaum von denen im echten Leben. Und durch die Kampfkunst verstand ich die Relevanz von Funktionalität.

Unsere Kampfkunst, in der ich viele Jahre auch Mitglieder von Spezialeinheiten unterrichtet habe, ist eigentlich keine Kampfkunst, sondern reines »Surviving«. Es geht ums Überleben, ein rasches Ausschalten stärkerer oder mehrerer Kontrahenten unter schwierigsten Bedingungen. Die Konzepte sind so ausgeklügelt, dass sie so wenig Raum wie nur möglich für Risiko und Spekulation lassen. Dieses Combat-System setzen nicht umsonst die besten Spezialeinheiten der Welt ein, wie die Navy Seals, das SWAT oder das FBI.

In einer Situation, in der es um Leben oder Tod geht, muss sich der Kämpfer auf etwas verlassen, was tausendfach erprobt ist und funktioniert. Spätestens in einer derartigen Situation lernst du, deinen Fokus auf Sachen zu richten, die einwandfrei und sofort klappen.

Wenn du es schaffst, mit deinen Ängsten in einer Life-or-Death-Situation umzugehen, ist alles andere im Leben leicht.

Bruce Lee, der als Legende die gesamte Welt der Kampfkunst revolutionierte und mit seiner Philosophie einen entscheidenden Beitrag zum globalen Bewusstsein beitrug, sagte einmal: »Absorb what is useful and reject what is useless«. Das bedeutet sinngemäß übersetzt: »Nimm auf, was nützlich ist, und schmeiß weg, was nicht nützlich ist.«

Und meine Kriterien von »Nützlichkeit« in der Kampfkunst waren immer Techniken, Taktiken und Prinzipien, die in einem echten Gefecht funktionieren.

Dieses Mindset habe ich auf das gesamte Leben und ins Life-Coaching übertragen und damit Erfolge in scheinbar aussichtslosen Situationen bei mir und unzähligen Menschen erzielt.

Was in der Überwindung der Angst und im Life-Coaching für mich wahr und richtig ist, ist das, was dich zu einem wahren, freien, selbstbestimmten und erfüllten Leben bringt. Und es funktioniert garantiert – es ist tausendfach erprobt.

Mein größter Lehrer, der mich Nützlichkeit und Nicht-Nützlichkeit lehrte, war und ist das Leben selbst. Ich habe jahrelang schwerwiegende, frustrierende Erfahrungen mit dysfunktionalen Methoden, Tipps und Coachings gemacht. Es waren Erfahrungen von rein oberflächlicher Wirkung.

Meine gesamte Vergangenheit war von Angst, Selbstzweifeln, Minderwert, Abschieden und Verlusten geprägt. Ich weiß sehr gut, wovon ich spreche. Es gab im Grunde keine Angst, mit welcher ich nicht Bekanntschaft gemacht habe und die mein Leben nicht dominant kontrollierte. Und damit meine ich nicht Tage, Wochen oder Monate – ich spreche von Jahrzehnten.

Über drei Jahrzehnte lang dachte ich, das Leben sei ein Kampf. Genau deshalb war mein Leben auch so, wie es war – voller Leid und Qual. Es gab Momente, in denen ich ernsthaft darüber nachdachte, mein Leben zu beenden.

Im Grunde genommen war das auch kein Leben. Das war ein Überleben, ein Existieren, ein Dahinvegetieren in der Hoffnung, dass ich irgendwie durchkomme und es bald vorbei ist. Ich habe mich klein gemacht, die Erwartungen der anderen erfüllt und meine eigene Herzenswahrheit tagtäglich verraten. Ich fragte mich: »Ist das der Sinn des Lebens, dass ich leide wie ein Schwein?!«

Aus diesem Grund kann ich Menschen und ihre Frustration, ihren Schmerz und ihre Hoffnungslosigkeit sehr gut verstehen und nachempfinden.

In diesem jahrelangen Leidensweg mit diszipliniertem Probieren und Erforschen von Methoden aus aller Welt bin ich oft gefallen und lag zigmal zerschmettert am Boden. Dadurch durfte ich schmerzhaft herausfinden, was alles nicht funktioniert. Schließlich haben sich dadurch aber auch praktikable Betrachtungsweisen, Methoden und Werkzeuge herauskristallisiert, die in einer Gesamtkombination zuverlässig funktionieren. Diese habe ich in mein Leben implementiert und daraus ein ganzheitliches Konzept entwickelt.

Ich durfte Tausenden Menschen zeigen, wie sie direkt in ein wunderbares Leben finden und ihren emotionalen Durchbruch erlangen. Ein lebenswertes, schönes Leben in der richtigen Identität.

Ich konnte ihnen vermitteln, wie sie aufhören können, ihr geschenktes Leben sinnlos zu vergeuden, es ihren Ängsten unterzuordnen und sich künstlich klein zu halten.

Der Weg ist eigentlich einfach – aber nicht immer leicht. Doch du kommst damit zuverlässig an das Ziel. Und es zahlt sich aus.

Das ist mein Beitrag für eine schönere und lebendigere Welt. Denn mich macht es traurig, wenn ich zusehen muss, dass so viele Menschen sterben, ohne jemals wirklich gelebt zu haben.

2

DAS BEKOMMST DU VON MIR

Eines vorweg: Ich bin ein Mensch, der Klarheit und Ehrlichkeit liebt und lebt und deshalb die Karten von Anfang an offen auf den Tisch legt.

Solltest du ein schnelles Kochrezept suchen, um auf die einhundertvierundvierzigste Art und Weise die Angst und somit die einzige Chance auf ein echtes Leben zu UMGEHEN – dann klappe bitte jetzt das Buch zu. Schließe es und lebe dein Leben weiter wie bisher.

Das werde ich dir nicht geben – aus einem ganz bestimmten Grund. Denn es ist genau das, was ich stark kritisiere, weil ich aus tiefster Überzeugung weiß, DAS FUNKTIONIERT NIEMALS, NIEMALS, NIEMALS.

Ich respektiere dich. Ich respektiere deine kostbare Zeit und möchte sie deshalb nicht mit weiteren unnötigen Instant-Tricks und Tipps verschwenden, die dich nicht weiterbringen. Davon gibt es ja reichlich am Markt.

Mir wurde sogar angeraten, ich solle das Buch umschreiben. Es sei zwar alles wirklich effektiv, wahr und super, aber damit würde ich zu wenig unterhalten und somit einige Leser ausschließen. Ich solle es lieber unterhaltsamer und leichter verdaulicher schreiben, auch wenn ich damit inhaltlich Bullshit produziere.

Ganz sicher nicht! Ich bescheiße doch nicht meine Leser! Geht's noch?

Das sind Menschen, die mir ihr Vertrauen schenken und hoffen, endlich zu erfahren, wie sie wirklich etwas verändern können. Mit einem Buch, das Instantgerichte für das schnelle Glück offeriert, würde der gesamte Sinn meiner Lebensmission auseinanderfallen.

Du kannst dich darauf verlassen, dass ich dir alles schonungslos ehrlich vermitteln werde. Weil ich weiß, dass wahre Veränderung Wahrheit braucht. Weil ich dein Freund bin und nicht dein Feind.

Ich kratze nicht an der Oberfläche herum, sondern gehe an den Kern der Dinge. Das ist eine meiner Eigenschaften, die Klienten, Leser und Seminarteilnehmer an mir schätzen.

Glaube mir, ich bin äußerst empathisch und mitfühlend. Aber ich weiß, dass ich niemanden weiterbringe, indem ich ihm Honig ums Maul schmiere und ihn damit nur weiter in seinem Opferbewusstsein gefangen und klein halte.

Du darfst mir gerne widersprechen und deine Zweifel äußern. Du musst mir auch NICHTS glauben. Prüfe es mit deinem eigenen Herzen und glaube nur dir. Aber prüfe das bitte mit deinem HERZEN – und nicht mit deinem größten Angstwerkzeug – deinem Verstand. Der Verstand hat dich dahin gebracht, wo du jetzt bist – und ich nehme an, du hast etwas zu verändern, wenn du dir mein Buch angeschafft hast! Vergiss nicht – ich diene dir nur als Spiegel. Nutze diese einzigartige Chance, um dich besser kennenzulernen, anstatt den Spiegel für das, was er dir zeigt, verantwortlich zu machen.

Was ist nun der konkrete Plan?

Ich habe das Buch in zwei große Bereiche unterteilt:

Der erste Teil gibt dir das komplette Wissen und Werkzeug für die Angstüberwindung und deine Transformation in die Hand. Durch die zuverlässige Formel »*Das magische Dreieck*« erfährst du, wie du zu felsenfestem Selbstvertrauen, innerer Kraft, echtem Selbstwert und vor allem real gelebter Selbstliebe kommst. Zusätzlich zeige ich dir, wie du deine schädlichen Glaubenssätze löschst und dadurch deine Ziele und Wünsche hundertmal schneller erreichst – indem du das mächtigste universelle Gesetz als Spielregel des Lebens für dich nutzt anstatt gegen dich.

Damit schaffen wir ein Fundament, und du bist erst dann wirklich in der Lage, die Erkenntnisse aus den darauffolgenden Kapiteln umzusetzen. Außerdem teile ich mit dir die stärkste, wirkungsvollste Meditation für innere Kraft und Selbstliebe, die mir je begegnet ist.

Der zweite große Teil des Buches geht ans Eingemachte, wird persönlicher und ist dem Schwerpunkt der Selbstfindung sowie der Bewusstseinserweiterung gewidmet. Hier geht es darum, deine ganz eigene Wahrheit und Bestimmung, deine Werte und somit DEINEN Weg zu finden oder zu überprüfen. Vor allem aber beschäftigen wir uns mit deinen geistigen Fesseln, Abhängigkeiten und Gewichten der Vergangenheit, um dich nachhaltig davon zu befreien. Ich zeige dir die Angstpyramide, mit der du leichter alle gewonnen Erkenntnisse umsetzt, und eine höchst effektive Vergebungsmeditation, die deine Vergangenheit berührt.

Dafür habe ich das ganzheitliche **FREE-YOUR-LIFE-Konzept** entwickelt, das den roten Faden dieses Buches darstellt.

Warum ganzheitlich? Nur ein ganzheitliches Leben kann wirklich frei und erfüllt sein. Aber was bedeutet »ganzheitlich«?

Ganzheitlich, das ist eine Lebensausrichtung, auf der mein Konzept basiert. Die Kombination von äußerer (etwas gegen etwas tun) und innerer Problemlösung (lieben, sein lassen und sich hingeben). Es lehnt sich an das Yin-Yang-Prinzip von weiblich und männlich an. Denn alles im menschlichen Leben beruht darauf. Yin-Yang ist nicht nur ein nettes Symbol, um es sich im Auto aufzuhängen oder es tollen Zitaten beizufügen.

Das weibliche Yin ist das Empfangende, Fühlende, das Sich-Hingebende, das einfach Seinlassende. Ohne Weiblichkeit – keine Männlichkeit.

In Hinsicht auf Angst- und Problembewältigung steht das männliche Yang für das Umsetzende, Machende, Durchdringende und Pflanzende. Ohne Männlichkeit – keine Weiblichkeit.

Nur in der richtigen Kombination von beidem kannst du Probleme ganzheitlich lösen und bist wirklich in deiner Mitte eines ganzheitlich glücklichen und gesunden Lebens.

Leider sehe ich ganz wenige, die es schaffen, diese beiden Seiten harmonisch zu vereinen und es dann auch noch verständlich an andere weiterzugeben.

Meist wird dir entweder ausschließlich die äußere Seite (Yang) der Problemlösung aufs Auge gedrückt: Dir wird gesagt, dass du ackern, schuften, analysieren, zerdenken und dich allem stellen sollst. Oder dir wird die andere Extreme als Lösung angeboten: ein Verweilen in Passivität und Pseudo-Liebe, alles wird schon irgendwie gut werden.

Doch beides allein funktioniert nicht.

Du brauchst das Beste aus beiden Welten.

Darauf beruht auch Bruce Lees Kampfkunst. Er hat das Beste aus allen Kampfkünsten in einer harmonisch aufeinander abgestimmten Art vereint und es zu einem ganzheitlichen Kampfprinzip gemacht. Im Kampf brauchst du das Weiche und Sensitivität, um im Nahbereich, in dem sich die Hände berühren, die Energie des Gegenübers zu lesen und seinen eigenen Druck gegen ihn umzulenken. In der langen Distanz hingegen, in der du mit deinem Kontrahenten keinen Kontakt hast, ist es absolut hirnrissig, zu fühlen und Energie zu lesen. Denn es gibt dort nichts zu lesen. Hier werden Schläge und Tritte ausgetauscht. Diese müssen voller Entschlusskraft und Härte durchgezogen werden. Doch wenn du nur hart bist, verlierst du den Kampf gegen einen Gegner, der das Prinzip der Ganzheit von Weichheit und Härte beherrscht. Der genau weiß, wann und wie das Yin bzw. Yang zu nutzen ist.

3

EIN LEBEN IN ANGST BEDEUTET VERLUST UND LEID

Ich möchte dir zuerst ein reales Paradebeispiel für ein Leben aus Angst, Selbstverrat, Zweifel, Depressionen und Leid zeigen –meine Real-Life-Story! Meine Geschichte hat schon so manchem Menschen die Augen geöffnet. Daher sieh dies bitte nicht als Biografie des Autors an, sondern als eigenständiges Kapitel. Denn in die Geschichte baue ich immer wieder wichtige Aspekte und Erkenntnisse ein.

Vor allem aber möchte ich dir anhand meiner an hollywoodreifen, traumatischen Erlebnissen, Verlusten und Schicksalsschlägen nicht so leicht zu übertreffenden Story signalisieren, dass es für die Erschaffung deines Wunschlebens sekundär ist, welche Vergangenheit du auf deinem Rücken trägst und mit welchen und wie vielen Höhen und Tiefen dein Rucksack befüllt ist.

Du kannst immer wieder aufstehen und gerade aus Krisen und Dramen etwas wunderbares Neues und noch Schöneres zaubern. Krisen sind die Sprache des Lebens, deiner Seele. Das Leben spielt immer für dich, auch wenn unser eingeschränkter Verstand dies im Moment selten verstehen kann.

Mir ist es wichtig, ganz klar festzuhalten, dass ich nichts aus meiner Vergangenheit verurteile oder ändern wollen würde. Ganz im Gegen-

teil: All meine Gaben und Geschenke resultieren aus meinen Erfahrungen und ich bin in absolutem Frieden mit mir, allen Umständen und Menschen.

Ich bedanke mich an dieser Stelle aus tiefstem Herzen bei allen Frauen und Männern, die Teil meiner Lebensgeschichte waren und sind. Alles ist in Vollkommenheit passiert und gehört als Teil meines Weges zu meiner Bestimmung.

Film ab …

Als aufgeweckter und neugieriger Junge im Alter von sechs Jahren musste ich den radikalen Abschied aus einem behüteten familiären Umfeld in meiner Herkunftsheimat Bulgarien auf mich nehmen. In dieser Zeit des Kommunismus hatte eine freie Meinung enorme Konsequenzen. Also durften meine Eltern aufgrund ihrer politischen Überzeugung (sie weigerten sich, Kommunisten zu werden) ihre Arbeit als Lehrer nicht mehr ausüben.

Nachdem die Leiter meines damaligen Kindergartens von der politischen Meinung meiner Eltern erfahren hatten, bekam ich den kompromisslosen Ausdruck des Staates am eigenen Leib zu spüren. Es war ein früher, schon dunkler Winterabend in meinem Kindergarten in Bulgarien. Es konnte also nicht mehr allzu lange dauern, bis mein Vater mich abholen würde. Als ich gerade an meinem Saft schlürfte, stürmten zwei der Kindergarten-Pädagoginnen in das Zimmer und trommelten alle Kinder zu einem Sesselkreis zusammen.

»Wessen Eltern sind keine Kommunisten?«, schrie eine der Pädagoginnen. Diejenigen sollten aufzeigten.

Ich zeigte als Einziger auf.

Eine der Pädagoginnen sprang auf, packte meine Hand und zerrte mich, ohne mir Jacke oder irgendetwas anzuziehen, auf die dunkle Straße hinaus. Ich sehe die Pädagogin noch heute vor meinem geistigen Auge, wie sie sich zu mir herunterbeugt und mir überzeugend mit einer stechend scharfen Stimme sagt: »Deine Eltern werden dich nie mehr finden. Du bist ab jetzt hier draußen verloren und für immer allein!«

Sie drehte sich um, ging und ließ mich alleine zurück.

Seit diesem Zeitpunkt weiß ich, was es bedeutet, Angst zu haben. Todesangst. Das Gefühl von Hilflosigkeit und Ohnmacht. Angst kennt kein Mindestalter.

Der dichte Winternebel trübte meinen Blick und ich hatte das Gefühl, mein Herz würde jeden Augenblick explodieren. In der kindlichen Hoffnung nach einem Wunder begann ich zu weinen. Nach einer gefühlten Ewigkeit geschah für mich ein Wunder. Ich traf meinen ersten Mentor. Eine alte, zahnlose Frau blieb stehen und fragte mich, was ich alleine da draußen auf der Straße machen würde.

Diese alte Frau war der Grund, dass ich nicht das allerletzte bisschen Vertrauen in das Leben verlor. Sie versuchte, mich aufzumuntern. Das war für mich das bezauberndste, zahnlose Lächeln meines Lebens, und es erwärmte mein Herz.

Nach einiger Zeit fand mich mein Vater.

Mit dieser Handlung von emotionaler Gewalt war die Schmerzgrenze meiner Eltern endgültig erreicht. Das war der Schlüsselpunkt, der meinen Vater schlagartig zum Entschluss brachte, dieses Land zu verlassen, um seiner Familie Meinungs- und Handlungsfreiheit zu ermöglichen. Eine freie Meinung haben zu dürfen, freies Denken und Handeln. In Bulgarien war dies leider nicht mehr möglich. Deshalb verließ er am nächsten Tag das Land und floh nach Österreich.

Trotz des enormen Drucks aus dem familiären Umfeld, fahrlässig zu handeln, flohen meine Mutter und ich sechs Monate später zu meinem Vater. Wir fuhren in der Kriegszeit mit einem

Zug, der mitten in der Nacht bombardiert wurde, durch das ehemalige Jugoslawien.

Nach einer Nacht, ähnlich wie in einem amerikanischen Action-Thriller (das erklärt meine damalige Vorliebe zu solchen Filmen), kamen wir heil nach Budapest, wo mein Vater auf uns wartete. Die Einreise direkt nach Österreich war zu dieser Zeit politisch nicht möglich. Also flohen wir mit ihm gemeinsam von Budapest durch einen Wald mit Restminen und scharfen Grenzkontrollen in Richtung österreichischer Grenze. Alles verlief weitaus komplizierter, als erwartet, da wir uns verliefen.

Es war stockdunkel und so leise, dass ich meine eigenen Herzschläge hören konnte, als säßen sie in meinen Ohren. Ich zitterte und mein Vater sagte: »Pssst, wenn du leise bist, werden uns die Grenzkontrollen nicht hören.«

Darauf antwortete ich: »Nein, Papa, ich habe keine Angst vor den Grenzkontrollen. Ich habe Angst von dem Waldbären, dass er uns frisst!«

In Bulgarien gab es zu der Zeit sehr viele Bären und der Bär spielte bei mir eine große Rolle. In sehr vielen Kindermärchen kam der Bär als Figur vor, der nicht brave Kinder auffrisst.

Meine Mutter und ich versteckten uns in einem hohen Maisfeld, während mein Vater versuchte, die Route aufzuspüren. Die Taschenlampen der Grenzkontrollen wanderten durch das Gestrüpp an unseren Köpfen vorbei. Meine Mutter hielt mich ganz fest, um nicht aufzufallen. Denn ich konnte nicht aufhören zu zittern – aus Angst.

Nach unzähligen Hindernissen schafften wir es unverletzt nach Österreich. Wir verbrachten einige Tage im Flüchtlingslager und kamen anschließend in eine kleine Dorfgemeinde.

Meine Eltern, eigentlich Akademiker, fingen in Österreich komplett von Null an, mein Vater als Fliesenleger und meine Mutter als Näherin. Für mich begann sich der kindliche Glaube zu manifestierten, ich sei weniger wert als die einheimischen Kinder. Ich fühlte mich fremd und ausgeschlossen. Denn die Mitschüler in der Schule waren brutal ehrlich und scheuten nicht davor zurück, mir meinen Minderwert immer wieder zu bestätigen, bis sich eine Überzeugung daraus bildete.

Nach zwei Jahren wurde mein Leben in seinen Grundfesten erschüttert. Mein Vater erkrankte an Krebs und verstarb mit nur dreiunddreißig Jahren. Das war der für mich unverständlichste und schrecklichste Abschied. Der Verlust des männlichen, stärksten Familienmitgliedes, und das in einem für mich noch fremden Land, ohne familiären Rückhalt.

Ich versuchte, meinen Vater mit einem aus einem Kassetten-Walkman selbstgebauten Spielzeug-Arzt-Set zu heilen und fühlte mich ohnmächtig und schuldig, als ich dabei versagte. Nachdem ich miterlebte, wie er vor allen schaulustigen Nachbarn im Sarg aus dem Wohnhaus herausgetragen wurde, entstanden in mir ein Gefühl der Kleinheit, Minderwertigkeit und die Illusion, alle anderen seien und hätten es besser als ich. Spätestens hier muss sich wohl mein Wesen eines Kämpfers gebildet haben. »Ich zeig es euch allen!«, das war mein Gedanke.

Schnell lief ich in die Wohnung zurück, um meinen braunen Plüschhund zu holen. Diesen legte ich meinem Vater in den Sarg. Wir hatten oft gemeinsam mit diesem Hund gekuschelt und er sollte meinen Vater ab diesen Zeitpunkt beschützen, damit er nicht allein war.

Ich erinnere mich noch ganz klar an den Moment, in dem mein Papa in das Auto verladen wurde und meine Mutter und ich ihm hinterherschauten, als das Auto losfuhr. Das war ein überflutendes Gefühl der Ohnmacht. Ich hatte Todesangst, fühlte mich verloren und verstand die Welt nicht. Wieso fuhren diese fremden Männer meinen starken Papa in dieser engen Kiste mit einem Auto weg?

In den darauffolgenden Monaten und Jahren prägten mich alle Verlust- und Existenzängste – es waren die meiner Mutter, einer alleinerziehenden Frau in einem noch fremden Land, einer Frau, die ihre große Liebe, ihren besten Freund und ihren Halt verloren hatte. Mich überrollten tiefste Ängste und Trauer, die ich nicht verarbeiten konnte. Stattdessen unterdrückte ich sie, wie es jedes Kind macht. Mein Vertrauen in das Leben war damit endgültig gebrochen.

Durch die Verlustangst meiner Mutter entwickelte ich mich zum Hypochonder, indem ich alle Spitäler in kürzester Zeit und in regelmäßigen Intervallen kennenlernte. So verlor ich obendrein jegliches Vertrauen in meine Gesundheit und meinen Körper. Nach zwei Operationen, die Ähnlichkeit mit denen meines Vaters hatten, setzte sich in mir die endgültige Überzeugung fest, dass mich früher oder später dasselbe Schicksal erwarten würde. Dass ich sterben würde wie er.

Ich musste schnell erwachsen werden, meine Mutter trösten und ihr Halt geben, wodurch, in Verbindung mit meiner Sensibilität, die Fähigkeit starker Empathie stets wuchs.

Meine Mutter sorgte sich um meine Integration und wollte mir weitere Schmerzen und das Gefühl der Minderwertigkeit ersparen. Daher versuchte sie, mich zu motivieren, gute Noten in der Schule zu erringen. Jedoch war ihre Motivations-Methode für das Selbstwertgefühl eher kontraproduktiv.

Sie sagte mir: »Wenn du nicht büffelst und etwas erreichst, wirst du obdachlos. Dann werden alle Einheimischen im Anzug und mit dem Aktenkoffer an dir vorbeigehen und dich auslachen!« Sie wusste es nicht besser, denn sie hatte es selbst nicht anders erfahren. Ich liebe meine Mutter. Sie tat alles aus tiefster, mütterlicher Liebe.

Ich fühlte eine tiefe Sehnsucht in mir, einen Weg zu finden, um diese unbeschreiblichen inneren Schmerzen zu lindern.

Meine Ängste, Trauer und Wut begann ich mittels Musik, Schreiben von Gedichten und meinem ersten eigenen Buch zu verarbeiten. In meinen kreativen Tätigkeiten blühte ich auf.

Mit zwölf Jahren gründete ich meine erste Musikband. Ich wollte jemand sein. Ich brannte für das, was ich tat. Das Feuer in mir ging einher mit Kreativität, Talent und Leader-Qualitäten und es führte mich in eine Jugend-Musikkarriere. Ich war Sänger, Komponist, Gitarrist und Bandleader auf internationalen Bühnen, im Fernsehen bei MTV, VIVA & Co, die Leute hörten mich im Radio.

Ich wusste es nicht besser und nutzte die Bühne, um meinen Mangel an Selbstwert zu kompensieren und meine innere Leere zu füllen. Das Wissen und das Verständnis, dass Äußeres dich niemals retten oder nachhaltig erfüllen kann, waren mir zu dem Zeitpunkt allein aufgrund meines zarten Alters unmöglich.

Im Alter von siebzehn Jahren lernte ich meine Traumfrau kennen, die ich erfolgreich eroberte. Die Liebe überwältigte uns beide, wir stürzten uns in eine vollkommene Verschmelzung, in ein gemeinsames WIR. Sie schleppte eine ebenso traumatische Kindheit mit sich herum wie ich. So retteten wir uns gegenseitig, es fühlte sich unbeschreiblich an. Wir hatten uns gefunden und es war, als ob wir uns schon seit einer Ewigkeit kennen würden.

Und so begann ich mich Stück für Stück aufzugeben, mich zu vergessen, mich zu verlieren, mich nicht mehr als Individuum wahrzunehmen. Ich machte meine Frau zu meinem Lebensinhalt, sie gab mir meinen Lebenssinn. Aus purer Liebe entwickelte sich eine co-abhängige Beziehung. In der Zweisamkeit musste ich keine kindlichen Schmerzen mehr fühlen.

Als Doppelpack fühlten wir uns beide richtig, bestätigt, geliebt, stark und anerkannt. Selbstverständlich war enorm viel Liebe da, nur wird diese verbraucht, sobald ein Partner die Funktion eines Elternteils übernimmt. Wir erfüllten uns gegenseitig die Rolle der Mutter und des Vaters. Sobald die Beziehung mit Angst durchflutet ist und ein Mensch sich erst durch den anderen vollständig fühlt, geht die eigene Identität verloren. So war es auch bei uns: Alleine fühlte jeder von uns Leere und Mangel.

Mit unserer Beziehung war meine Mutter absolut nicht einverstanden. Mein innerer Konflikt intensivierte sich damit auf ein Maximum.

Das Leben schenkte uns zwei wundervolle Kinder. Wir lebten das klassische, romantische Ideal eines Familienkonzeptes, mit der immerwährenden Angst, dieses Märchen könnte irgendwann durch Trennung, Unfall oder Krankheit enden.

Spätestens als ich zur Gänze mein wahres Wesen verleugnete, die Musik aufgab, mich in irgendwelchen nicht erfüllenden Jobs herumtrieb, die nichts mit meinen Gaben zu tun hatten, um meiner gesellschaftlichen Rolle eines braven Familienvaters zu entsprechen, verfiel ich in tiefe Depressionen, und dies jahrelang! Ich glaubte, ich sei nicht richtig aufgrund meiner in mir sprudelnden Kreativität. Meine Wünsche, Träume und Sehnsüchte kehrte ich vollständig unter den Teppich, setze mir Masken auf, versuchte, einem äußeren Bild zu entsprechen. Meine Musik, meine Hobbys, meine Freunde, fast alles hatte ich einfach aufgegeben und zugelassen, dass meine Partnerin an meinen Wünschen und Träumen herumsezierte. Ich wollte ihren Erwartungen gerecht werden.

Aufgrund meiner traumatischen Kindheitsgeschichte verspürte ich ein starkes Sicherheitsbedürfnis. Als ich jedoch eines Tages nach einer Filmproduktion von drei Männern überfallen wurde, war dies der Auslöser für mich, Kampfkunst und Selbstverteidigung zu lernen. Diese neue Leidenschaft entzündete mich und war ein äußerst wichtiger Halt, ohne den ich es in diesen schwierigen Zeiten nicht geschafft hätte. Demzufolge bin ich diesen drei Männern heute sehr dankbar für den Überfall. Sie haben zu meinem Wachstum und Erfolg beigetragen. Diese drei Männer waren Engel. Zwar bescheuerte Engel, aber dennoch Engel.

Trotz meiner starken Rückenprobleme aufgrund eines Sportunfalls ignorierte ich die Meinungen von Ärzten, ich könne keinen Kampfsport machen. Ich trainierte weiter, arbeitete dadurch hart und diszipliniert auch an meiner Gesundheit. Ich wurde schnell zu einem Top-Kämpfer und zum international anerkannten Trainer in dem Hand-to-hand-Combat-System, das u. a. die Navy Seals nutzen.

In den darauffolgenden Jahren definierte ich mich am Angestelltenmarkt, wurde Marketing-Experte, machte Karriere als Führungskraft und baute erfolgreich zwei Unternehmen auf. Ich konnte meine Skills und Stärken erfolgreich in den Aufbau, das Führen und Coachen von Sales-Teams einfließen lassen. Aber dennoch ging es mir nicht gut, ich befand mich oft in depressiven Zuständen und fühlte mich klein und leer. Alles fühlte sich irgendwie nicht ganz stimmig an. Doch ich hatte schon lange den Zugang zu meinem Herzen verschlossen und lebte ein Leben aus dem Kopf heraus.

Irgendwann wollte ich wissen, was die tatsächliche Ursache meiner Depression und all meiner Zwänge, Phobien und Hypochondrie war. Also begann ich akribisch meine Suche im Selbststudium der Psychologie in der Zusammenarbeit mit Top-

Therapeuten. Kurzzeitig stabilisierte ich damit meinen Zustand, doch es fühlte sich wie eine symptomatische Behandlung auf der Oberfläche an.

So arbeitete ich an mir, kämpfte, verriet mich, war im Widerstand, reflektierte, probierte mit meinem sportlichen Ansatz alles Mögliche aus, von Mentaltrainern und Sport Coaches über Meditationen, Affirmationen bis hin zum Verschlingen von Hunderten von Büchern.

Ja, ich konnte mit klassischen Mitteln aus der Psychologie, kämpferischer Disziplin und Hingabe schon sehr gute Erfolge bei mir selbst und später auch im Coaching anderer Menschen erzielen. Doch ich hatte das Gefühl, noch immer nicht tief genug zu graben. Alles, was ich probierte, musste noch effizienter, noch effektiver gehen. Ich wusste: Irgendwo waren die Wurzeln des Leids, aber ich wusste noch nicht genau, wo.

Als sich meine Frau nach siebzehn Jahren Ehe plötzlich dazu entschloss, mich zu verlassen, brach meine Welt zusammen. Es war wie ein Tod, ich fühlte ihn noch intensiver als den Tod meines Vaters. Ich fühlte mich als scheinbar erwachsener Mann verloren, verletzt, herabgesetzt, wertlos, ungeliebt, klein, ersetzt, war unfähig, alleine zu überleben, und die Schmerzen waren nicht auszuhalten. Ich fühlte mich wieder wie das Kind, das damals von der Kindergartenpädagogin auf die Straße gestellt worden war.

Anfangs versuchte ich aus einem kämpferischen Überlebensinstinkt (EGO) heraus alles, um meine Frau zurückzugewinnen. Dies war der Anfang einer fast zweijährigen Krise, wir versuchten, wieder zueinanderzufinden.

Es war die schrecklichste und spannendste Zeit zugleich. Aus jetziger Perspektive jedoch war es vor allem das größte Geschenk, das das Leben mir und meiner Frau geben konnte.

Denn ich verstand relativ schnell, was hinter den Kulissen des Dramas steckte. Jetzt konnte ich meine ungeheilte kindliche Leere samt Ängsten und Zweifeln erneut fühlen – aber in hundertfacher Verstärkung. Alle alten, unverarbeiteten und verdrängten Gefühle hatte ich bis zu diesem Zeitpunkt durch die Anwesenheit meiner Frau kompensiert. Dies war mir aber nie bewusst gewesen und ich verstand nun, dass sich Abhängigkeit sehr gut zu tarnen weiß. Alles, was sich nach meiner Liebe, Annahme und Heilung sehnte, kam in mir hoch.

Es war mein Wendepunkt, an dem mein radikaler und schon längst fälliger Heilungsprozess wirklich begann. Er reichte bis tief in die Wurzeln. Keine oberflächliche Schmiertherapie und kurzzeitige Ablenkung mehr! Das Leben heilte mich.

Ich begann selbst, mein »inneres, leeres Gefäß« zu befüllen, und ich arbeitete konsequent an mir. Durch meine größten Ängste gehend, veränderte ich mein Bewusstsein, entschied mich für mich und meinen eigenen Weg. Ich beendete jetzt selbst in Liebe und Achtung die hart zurückerbettelte Beziehung mit meiner Frau.

Im Herzen bleibe ich natürlich für immer mit meiner Wegbegleiterin verbunden. Doch als physischer Mensch war es an der Zeit, meinen Weg zu gehen.

Ich ging in eine bedingungslose Liebesbeziehung zu mir und löste mich aus dem gesellschaftlichen Traum des unbedingten und moralisch notwendigen Familienkonzeptes. Der Weg zu meinem Herzen war wieder frei geschaufelt und ich konnte meine innere Führung nach vielen Jahren der Vergessenheit wieder spüren.

Alle Ängste, Zweifel, Minderwertigkeiten, Phobien, die Hypochondrie und Zwänge wurden damit schlagartig aufgelöst. Sie waren einfach weg!

Wie viele Jahre hatte ich zuvor mühsam, aber erfolglos mit unzähligen in den Alltag integrierten Affirmationen, Meditationen, Therapien um diese innere Freiheit gekämpft. Jetzt war alles verschwunden. Nachhaltig. Ich hatte das Gefühl, gestorben zu sein, um jetzt das erste Mal richtig zu leben.

Der Glaube über mich veränderte sich, ich konnte echtes und tiefes Selbstvertrauen und wahre Selbstliebe entwickeln. Diese mir zu dem Zeitpunkt noch unbekannten Gefühle hatten von der Intensität, Echtheit und Tiefe nichts mit meinem vorherigen konventionellen Verständnis von Selbstvertrauen und Selbstliebe gemeinsam.

Folglich veränderte sich auch mein gesamtes Leben im Außen. Ich ordnete mein Leben neu nach meinen Wünschen, Träumen, eigenen Regeln und meiner gefühlten inneren Wahrheit. Ein unbeschreiblich erfülltes Lebensgefühl wurde zur gelebten Realität. Ein Leben, das ich zuvor nur für meine illusionären Träume gehalten hatte.

Ich distanzierte mich klar von emotionaler Umweltverschmutzung wie Nachrichten, Smalltalks, Klatschzeitungen. Mich selbst zu erfahren, würde womöglich den zeitlichen Rahmen dieses geschenkten Lebens sprengen und ich wollte meine Aufmerksamkeit und kostbare Lebenszeit nicht in Ablenkung verpulvern, die mich nicht weiterbrachte.

All diese Ereignisse und Schicksalsschläge betrachte ich als unbezahlbare Erfahrungen. Die daraus gewonnenen Kompetenzen verleihen meiner Arbeit im Life-Coaching einen tiefen, breiten und praktischen Zugang. Demnach bin ich zutiefst dankbar, aus dem wahren Leben schöpfen zu dürfen. Denn nur wer die Nacht kennt, kann den Tag wahrnehmen.

Menschen zu helfen, auf ihren wahren Pfad zurückzufinden, sehe ich als meine Pflicht und den inneren Ruf meines menschlichen Daseins. Denn wir sind alle ein Bewusstsein, alle miteinander auf Augenhöhe. Unser aller Haut wird von nur einer Sonne gewärmt.

Hilfst du dir, hilfst du anderen, hilfst du anderen, hilfst du auch dir.

4

DEIN TICKET ZUM LEBEN

Du hattest das Privileg auf die Welt zu kommen, um möglichst viele Erfahrungen sammeln zu dürfen.

Dein physisches Leben ist vergleichbar mit einem mehrtägigen, teuren Gourmet-Event, zubereitet von den besten Köchen aus aller Welt, mit einem kilometerlangen Büffet an Köstlichkeiten. Und du hast eine kostenlose Eintrittskarte für dieses Gourmet-Event erhalten. Das ist ein Geschenk! Denn jetzt hast du alle Möglichkeiten, die es gibt.

Wenn du wissen willst, wie es schmeckt – musst du es probieren. Dadurch ist es dir möglich, neue Köstlichkeiten kennenzulernen. Und es werden Leckereien dabei sein, von denen du nie angenommen hättest, dass sie überhaupt existieren, geschweige denn, dass sie dir schmecken. Indem du das Büffet durchkostest, erfährst du, was das Leben sonst noch alles zu bieten hat.

So wirst du dein teures Ticket voll und ganz genutzt haben und mit guten Gewissen und Zufriedenheit von diesem Gourmet-Event nach Hause gehen können.

Oder du entscheidest dich, dich klein zu machen, dich in eine zu Ecke setzen und ein ganzes Event lang nur das zu essen, was du kennst. Ein Leben lang Spaghetti Bolognese? Damit du ja nichts riskierst und in der Sicherheit bleibst?

Also: Wie möchtest du durchs Leben gehen, wie viele Erfahrungen, sprich, wie viele Speisen möchtest du von dem reichen Büffet kosten und kennenlernen?

Wie möchtest du am Ende deines Lebens, also deiner persönlichen »Gourmet-Veranstaltung«, nach Hause gehen?

Mit dem Wissen, alles genutzt oder viele Chancen versäumt zu haben?

Erst am Ende deiner Veranstaltung, wenn das Büffet schon leer geräumt ist, darauf zu kommen, dass du doch mehr hättest probieren sollen, ist einfach zu spät.

Worin liegt der Sinn unseres Daseins?

Der Sinn unseres Daseins ist Wachstum.

Du bist hier, um zu erfahren, dass du in der Lage bist, all deine hausgemachten Angst-Widerstände, die du für unüberwindbar hältst, zu überwinden.

Dein irdisches Leben ist wie ein Spiel: Es bietet dir alle Spielzüge und öffnet alle Türen dieser Welt.

Die Türen zu deinen Träumen kannst du aber nicht erkennen, geschweige denn öffnen, wenn du deinen Fokus auf Angst und Selbstablehnung richtest. Aus einer Angstperspektive heraus bleibt so vieles ungesehen. Kein Wunder, dass viele Menschen sich vom Leben verabschieden, ohne die beste Version ihrer Selbst jemals entdeckt zu haben.

Wenn du dich in deiner Wohnung in eine Ecke eines Zimmers stellst, wirst du aus dieser Perspektive womöglich die Fenster nach außen, die Tür, den Fernsehapparat und die gegenüberliegenden Ecken sehen. Wechselst du deine Position, erblickst du den Raum aus einer anderen Perspektive. Sobald du dich aber in dein Bett verkriechst und dir die Decke über den Kopf ziehst, wirst du außer deiner Decke nichts sehen. Und diese Sichtweise entspricht genau der begrenzenden Angst-Perspektive!

Stelle dir bitte die ehrliche Frage, ob du auf die Welt gekommen bist, um das Leben mit all seinen Möglichkeiten zu vermeiden oder um es auszuschöpfen und zu leben. Am Leben zu sein und das Leben zu vermeiden, erzeugt Elend und enormes Leid. Dafür ist es aber nicht gedacht.

Viele von uns suchen und entscheiden sich für die vermeintliche Sicherheit. Damit fesseln wir uns geistig. In einem Bunker tief unter der Erde sind wir natürlich sicher, aber dafür auch gefangen. Wir sehen nicht viel, sind eingeschränkt in unseren Optionen, wir haben keine Freiheit. Wir sind beengt.

Und einmal abgesehen davon: Was bedeutet Sicherheit?

Uns wird von klein auf erzählt, wir bräuchten unbedingt eine sichere Ausbildung, einen sicheren Job, einen sicheren Partner, und alles würde gut werden. Nichts von diesen äußeren Dingen oder Menschen bedeutet wirklich Sicherheit und Beständigkeit. Alles kommt und geht. Das weißt du, oder?

Die einzige Sicherheit, die du im Leben hast, bist du selbst.

Es sei denn, du hast dich schon verloren.

Ist dem so? Kein Problem! Deshalb hat dich dieses Buch gefunden. Für deine Rückkehr zu dir, für ein Leben mit dir, für deine Sicherheit durch dich.

Das wahre Leben fängt da an, wo die Angst endet.

Aus meiner Vergangenheit, vor allem durch das Vorbild meiner Eltern, durfte ich eines der wichtigsten Prinzipien lernen: Geh über deine Grenzen. Das bedeutet, dass dein Weg mitten durch deine Angst führt.

Wenn du noch in diesem Leben erfahren willst, wer du wirklich bist und was alles in dir steckt, musst du über deine Grenzen gehen und etwas wagen.

Dein für dich bestimmtes, freies, erfülltes und glückliches Leben wartet IMMER auf der anderen Seite der Angst auf dich. Dorthin führen keine Umwege und Abkürzungen.

Es gibt keinen erfolgreichen und ZUGLEICH GLÜCKLICHEN Menschen auf der Welt, dem sein Traumleben einfach so nach Hause geliefert wurde. Nichts, was sich im Leben zu haben oder zu sein lohnt, fällt dir einfach in den Schoss.

Deine Bereitschaft, über Grenzen zu gehen, in der Angst stehen zu bleiben und durchzuhalten, ist der Preis dafür. Wie du diesen Preis einordnest, ist sekundär. Ob du es das kontextuelle Feld nennst oder Teil deines Seelenplans – es spielt keine Rolle.

Einen Preis zahlst du ohnehin und immer! Diesbezüglich hast du keine Wahl. Aber du hast die Wahl, zu entscheiden, WELCHEN Preis du bezahlen willst.

Den Preis für ein wahrhaftiges, geiles und gesundes Leben. Oder den deines vergeudeten Lebens.

Erfüllung, Erfolg und Glück im Leben haben ganz viel mit der Bereitschaft zu tun, sich das Scheitern zu erlauben. Über Grenzen zu gehen und dabei zu fallen – um dadurch gestärkter wieder aufzustehen. Ganz wie die Kinder: So lernen sie laufen, essen, so wachsen sie. Stell dir vor, die Kinder hätten das Mindset der Erwachsenen.

Mit solch einer Einstellung lernt kein Kind das Gehen, hätten wir alle niemals das Laufen gelernt.

Kein Kind denkt: «Wenn ich versuche, einen Schritt zu machen, könnte ich ja hinfallen. Also lieber in der Sicherheit bleiben und von Mami getragen werden.«

Es ist nicht vorstellbar, oder?

Genau das ist aber leider immer noch pure Realität für viele Erwachsene. Auf diese Weise »leben« viele Menschen ein konserviertes Leben auf diesem Planeten, das mehr ein Existieren ist. So wie ich selbst auch vor vielen Jahren. Deshalb darf ich so direkt sein. Das ist keine Abwertung, sondern mein Entsetzen darüber. Mich stimmt diese Tatsache traurig.

Wie schaut es mit dir aus?

Du stehst nun vor dem Büffet deines Lebens und hast die freie Auswahl. Und ich kenne wirklich nicht wenige Menschen, die sich dafür entscheiden, weiterhin die ihnen bekannten Spagetti Bolognese zu essen – JEDEN TAG. Machst du es anders. Vergeude bitte nicht dein Ticket zum Leben. Nutze es!

Wie sieht es mit deinen größten Träumen, Sehnsüchten, Zielen und Wünschen aus?

Als Kind hatten wir alle noch welche, bevor sie uns weggeredet wurden.

Hast du (noch) welche?

Oder hast du sie schon so tief vergraben, sie dir selbst ausgeredet oder ausreden lassen, dass dir auf die Schnelle nichts einfällt?

Lebst du dein Leben mit oder ohne Ziele und Träume?

- *Wozu bist du berufen? Schreibe dazu deine Träume, Wünsche, Ziele und Sehnsüchte auf.*

____

____

____

____

- *Schreibe alles auf, was du unbedingt noch erleben willst, bevor du die Welt verlässt.*

____

____

____

____

Ich zeige dir später Übungen, mit denen du deine Bestimmung findest. Es geht jetzt erst mal nur darum, zu schauen, wie konkret du über dich Bescheid weißt oder glaubst, Bescheid zu wissen.

5

DAS MAGISCHE DREIECK – DER COCKTAIL FÜR ERFOLGREICHE ANGSTÜBERWINDUNG

Das Thema Angst habe ich bis in die letzten Winkel durchforstet und ich kann dir kritisch sagen, dass für die erfolgreiche Angstüberwindung aus meiner Sicht keine andere Formel funktioniert als diese, die ich dir jetzt vorstelle. Ich habe sie zusammengestellt, indem ich mich selbst und unzählige Menschen, die ihre Ängste erfolgreich besiegt und wahres Selbstvertrauen erlangt haben, akribisch studiert habe.

Das Prinzip dieser kleinen Formel funktioniert immer und bei jedem, und das wird sich auch niemals ändern. Vorausgesetzt, du zieht es wirklich durch!

Am Ende dieses Kapitels fasse ich für dich alles noch mal kurz und bündig zusammen. Weiterhin helfe ich dir in den Folgekapiteln, herauszufinden, welche Ängste du überhaupt überwinden sollst. Denn nicht alle Ängste sind offensichtlich. Die größten Ängste, die unser Leben zerstören, sind meist sehr gut getarnt und ohne das nötige Wissen unmöglich zu identifizieren. Was du nicht entdeckst, kannst du auch nicht verändern, überwinden oder transformieren.

Versteckte Ängste hinter unerfüllten Beziehungen und Berufssituationen zu entlarven, Grenzen zu setzen und das Wort Nein zu sagen, deine Herzenswahrheiten zu finden und alle Infos, wie du alles konkret angehst, das wird Teil späterer Kapitel sein. Doch step by step. Konzentriere dich jetzt erst mal auf die grundlegende Angstformel.

Was genau brauche ich, um in meine Ängste hineinzuspringen, erfolgreich durch sie hindurchzugehen und sie zu besiegen?

Du benötigst exakt drei Sachen. Es ist ein Cocktail, gemixt aus drei Eigenschaften.

Wenn nur eine davon fehlt, wird es schwierig mit der Angstüberwindung.

Jede einzelne dieser drei Eigenschaften ist kein Geheimnis für sich. Alles, was im Leben wahr ist und funktioniert, ist einfach.

In der Kampfkunst sind es auch nur fünf bis zehn Techniken und Prinzipien, die in einem realen Fight funktionieren. Kämpfen oder dich selbst verteidigen kannst du nur mit geraden, ökonomischen und kurzen Schlägen bzw. Tritten. Choreografien und verschnörkelte Techniken sind für den Action-Film wunderbar, haben aber mit der Realität nichts gemeinsam. Komplizierte Bewegungen und Abläufe würden Spezialeinheiten im Einsatz das Leben kosten.

So ist es auch im Leben. Aber weil wir glauben, dass es in der Realität so einfach doch nicht sein kann, winken wir ab. Wenn dem so wäre, würde das ja jeder machen! Und somit bleibt es bei einem unwahren Glaubenssatz in unseren Köpfen.

Das »Geheimnis« dieses Cocktails liegt also zum einen in dessen Einfachheit und zum anderen in dem kombinierten Dreier-Mix. Ausschlaggebend für deinen Sieg ist das **Wissen** um diesen Mix und dessen **Umsetzung**.

Ich nenne diese Miniformel: **DAS MAGISCHE DREIECK**.

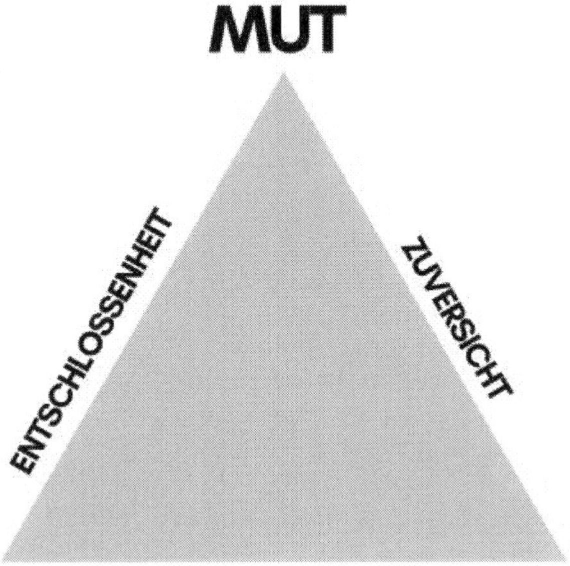

1. Mut

Mut ist eine der drei Grundzutaten für den Cocktail, er ist Teil des magischen Dreiecks. Lass uns zuerst auf einen gemeinsamen Nenner bringen, was Mut überhaupt ist.

Mut wird relativ oft mit Furchtlosigkeit verwechselt, aber Achtung – Mut ist nicht die Abwesenheit von Angst!

Mut bedeutet, trotz voller Hose die Zähne zusammenzubeißen und in die Angst zu springen. So, als wenn du die Augen zumachst und einfach springst. Dann überwindest du deinen Verstand.

Mike Tyson, Boxlegende und ehemaliger Weltmeister, war dafür bekannt, im Ring ein Monster zu sein. Die wenigsten wissen, dass Mike Tyson vor einigen seiner Kämpfe, in denen er seine Gegner im Ring manchmal binnen Sekunden k. o. schlug, **in seiner Kabine vor Angst weinte**.

Du musst verstehen, dass der Feigling und der Held die gleichen Angstgefühle haben. Der einzige Unterschied ist, dass der Held trotzdem in die Angst springt und sich von ihr nicht aufhalten lässt.

Stell dir vor, du stehst am Rand der offenen Flugzeugstür mit deinem Fallschirm auf dem Rücken.

Sobald du beginnst, zu denken, zu grübeln, wie es sein wird, was passieren könnte, wirst du nie springen. Somit würdest du nie erfahren, dass es eigentlich gar nicht so schlimm ist, wie du es dir im Geiste ausgemalt hast. Du würdest nie erfahren, zu was du wirklich fähig bist. Und so hältst du dich ewig kleiner, als du tatsächlich bist. Du bleibst der Sklave deines Verstandes.

Also sagst du dir: »Scheiß drauf, ich mach es einfach. Soll passieren, was bestimmt ist. Ich vertraue dem Leben.«

Denn du weißt eigentlich, dass der Fallschirm dich zu 99,9 % sicher trägt.

Und welch Wunder – du landest gesund und heil. Die ganze Angst war umsonst.

Indem du durch deine Angst gehst und dann erfährst, dass es meist nicht so schlimm ist, wie es dir dein Kopf ausgemalt hat, verändert sich dein Glaube und somit das Selbstbild über dich.

Dann erst entsteht, tiefes Selbstvertrauen.

Selbstvertrauen ist erst das Resultat davon. Das Endergebnis dieses Prozesses.

Du kannst niemals, niemals, niemals wahres Selbstvertrauen aneignen, indem du dir irgendwelche Spiegelmantras in die Stirn klopfst in der Art von: »Ich habe Selbstvertrauen, ich habe Selbstvertrauen, ich habe …«

Du kannst dir Selbstvertrauen auch nicht hermeditieren oder affirmieren.

So funktioniert das nicht!

Selbstvertrauen entsteht aus der realen Erfahrung, einen Widerstand überwunden zu haben. Du hast erfahren, dass du größer bist als deine Angst. Größer als dein Kopf. Herr und Frau deines Lebens und nicht Diener deines Verstandes.

Du kannst durch Meditationen das Urvertrauen in dir stärken (ich zeige dir später einer der besten Meditationen dazu). Damit erleichterst du dir den Sprung in die Angst. Aber du kannst den Sprung dadurch nicht ersetzen.

Reines, echtes menschliches Selbstvertrauen ist ein Resultat und keine Voraussetzung. Es steht am Ende der Kette.

Wenn du also darauf wartest, erst mehr Selbstvertrauen anzusammeln und dann deine Ängste oder Probleme zu lösen, wirst du bis zum jüngsten Tag warten.

Aber nicht jeder Mensch ist bereit, diesen Mut aufzubringen. Deshalb hat nicht jeder Mensch ein tolles Leben, ist nicht jeder Mensch erfolgreich. Nicht, weil er es nicht kann. Viele Menschen wollen es nicht. Sie sind nicht bereit, den Preis dafür zu zahlen.

In einem Interview erzählt der ehemalige Box-Weltmeister Klitschko von seiner anfänglichen Angst vor Schlägen. Und er ist nicht der Einzige. Jeder Boxer ist diesen Weg gegangen.

Wie kann es sein, dass Champions, die sich einst vor leichten Schlägen fürchteten, meist nur ein bis zwei Jahre später im Ring Schläge kassieren, die gefühlt dem Zusammenstoß mit einem

Kleinwagen entsprechen? Und das manchmal über zwölf Runden?

Es gelingt ihnen, weil sie einfach angefangen haben. Sie haben sich auf den Prozess eingelassen und sind mit und an ihm gewachsen. Natürlich schickst du einen jungen Klitschko oder Mike Tyson nicht gleich nach der zweiten Trainingseinheit in den Ring. Aber er startet bereits beim ersten Training damit, seine Ängste in zuerst leichterer Form zu überwinden. Das kannst du selbstverständlich auch im normalen Leben etappenweise machen. Manchmal lässt dir aber das Leben nicht ewig Zeit dafür oder keine Wahl. Dazu werde ich dir in den Folgekapiteln einige Tipps und Techniken mitgeben.

Wichtig ist, die Angst als gesunden Teil deines Lebens anzunehmen. Irgendwann, nach vielen erfolgreichen Überwindungen, sieht man sie als besten Freund, Begleiter und Wegweiser. Wenn du wissen willst, ob du auf dem richtigen Weg bist, prüfe, ob du Angst hast. Wenn ein Vorhaben, ein Ziel, eine Herausforderung keine Angst machen, dann ist es zu klein oder einfach nur das falsche.

Angst darfst und wirst du ein Leben lang haben. Es geht darum, nicht mit ihr identifiziert zu sein. Also dich nicht für sie zu halten. Sondern du hast sie. Du bist ihr Besitzer.

Alles, wovor du Angst hast, ist das, was für dich bestimmt ist. Die Angst ist der innere Kompass, und wenn dir etwas Angst macht, dann weißt du: Verdammt, ich bin auf dem richtigen Weg!

Das wird dir jeder freie, erfolgreiche Mensch bestätigen.

Also: Du brauchst nicht »keine Angst«. Du brauchst als erste »Zutat« des magischen Dreiecks **MUT**.

Jede und Jeder kann es – glaube mir! Der Unterschied ist, dass es nicht jede und jeder will!

Dieser Prozess der Angsttransformation nennt sich Desensibilisierung.

Indem du dich mit der Angst konfrontierst und dich diesem Gefühl aussetzt, beginnst du, immer weniger sensibel darauf zu reagieren.

Sabrina, eine junge Dame, kam vor einigen Jahren zu mir zum Kampftraining. Sie hatte schon bei der kleinsten Berührung Angst, geschweige denn, dass sie es aushielt, einen Schlag einzustecken. Demzufolge hatte sie auch große Hemmungen zuzuschlagen. Sie war verzweifelt und sagte: »Das schaffe ich nie!«

Ich bat sie, sich einen Monat Zeit zu geben. In diesem Monat habe ich sie in kleinen Schritten ihrer Angst ausgesetzt. So viel, dass es unangenehm war und sie ihre Komfortzone immer etwas verlassen musste. So habe ich sie schleichend und nahtlos dazu gebracht, ihre Grenzen zu verlassen, um diese dadurch auszudehnen.

Sie desensibilisierte, also gewöhnte sich daran (oder stumpfte ab, um es oberflächlicher auszudrücken), ohne es zu merken. Durch die kleinen Erfolge hat sie sich plötzlich in einem ganz anderen Licht erfahren. Dadurch wuchsen ihr Glaube an sich und ihr Selbstvertrauen.

Dieses Selbstvertrauen brachte sie in eine Position von noch mehr Mut und Freude und sie konnte den nächsten Schritt wagen. Und so ging das immer weiter. Ein Jahr später war sie ein Killer. Scheinbar schmerzunempfindlich und entschlossen.

Es war eine Herausforderung, im Training auch nur irgendeinen männlichen Trainingspartner für sie zu finden. Sie war den meisten gut geskillten Männern zu hart, zu schnell, einfach überlegen.

Was mit ihrer Persönlichkeit geschah, brauche ich dir nicht sagen. Ich werde nie vergessen, wie sie das erste Mal vor mir stand: ein schüchternes, liebes Mäuschen.

Ein Jahr später stand eine selbstbewusste, frohsinnige, selbstbestimmte und kraftvolle junge Frau vor mir. Respektvoll, aber ihr ihren Wert kennend. Sich selbst achtend und, wenn es nötig war, auch Grenzen setzend. Wow. Ich war begeistert.

So viele Männer und Frauen sind mir in den Folgejahren auf die gleiche Weise im Life-Coaching begegnet. Sie kannten sich selbst nicht. Sie hatten nicht die geringste Ahnung von sich selbst. In ihnen steckte so viel unerforschtes Potenzial. Erst durch den Mut, etwas durchzuziehen, haben sie erfahren, wie groß sie wirklich waren. Die meisten erlebten dabei einen positiven Schock. Denn das sprengte das ganze negative Selbstbild, das sie jahrelang mit sich getragen hatten.

Das waren Klient*innen und Seminarteilnehmer, die mir anfangs gesagt hatten, dass sie es aufgrund ihrer riesengroßen Ängste und Zweifel nicht schaffen würden. Und dann, nach einiger Zeit, kamen sie strahlend zu mir, bedankten sich und gaben mir als Feedback: »Ich kann mir nicht mehr vorstellen, wie ich zuvor in einem Zustand leben konnte, den ich für ein Leben hielt.«

So eine Freude, immer und immer wieder solch eine Entwicklung mitzuerleben und selbst dazu beigetragen zu haben. Ein erfüllendes Gefühl, zu sehen, wie sich Menschen transformieren. Wie sie aus Raupen zu Schmetterlingen werden. Welche Erlebnisse sie meisterten, die sie für unmöglich, für unüberwindbar gehalten hatten. Bis sie es einfach machten und sich selbst eines Besseren belehrten.

Eine echte Persönlichkeit hat zu diesem Prozess mal einen sehr schlauen Satz gesagt, der alles auf den Punkt bringt.

Ich spreche von Winnie Puuh, dem Bären. Nein, ich nehme dich nicht auf den Arm. Die Figur des kleinen Bären.

Winnie Puh sagte: *»Je mehr, desto mehr, je weniger, desto weniger!«*

Natürlich bezog er das auf seinen Honig. Doch es stimmt auch im Leben: Je mehr Honig oder Kuchen du isst, umso mehr willst du davon haben.

Indem du deine Angst überwindest, sich damit dein Glaube über dich verändert und folglich dein Selbstvertrauen wächst, hast du »Blut« geleckt.

Dadurch wächst wiederum deine Bereitschaft für noch mehr Mut, um die nächstgrößere Angst zu überwinden. Du möchtest dich in der nächstgrößeren Version deiner von dir bereits erreichten besten Version erfahren. So wird das Ganze zum Selbstläufer.

Jedoch kann dieser Prozess auch in der entgegengesetzten Richtung ablaufen und so entwickelt sich ein Teufelskreis. Eine Abwärtsspirale.

Je mehr du dich für die Angst entscheidest und ihr einmal mehr nachgibst, desto mehr wächst deine Angst.

Eigentlich eine einfache Sache.

Dieser Prozess ist für mich mein tägliches Brot. Ich durchlaufe ihn immer und immer wieder selbst. Meine erste große, bewusste Erkenntnis darüber erlebte ich als junger Mann. Ich hatte aufgrund meiner kindlichen Vorgeschichte schreckliche Angst vor Gewalt und war überzeugt, schwach zu sein! Dennoch sprang ich in die Kampfkunst. Innerhalb kürzester Zeit wurde ich zu einem der besten Fighter und später zum Trainer. Ich hatte richtig Talent.

Damit löste ich meine eigenen Illusionen über mich auf. Die Illusionen, dass ich schwach und hilflos sei. Es war eine Illusion, die nur in meinem Kopf existierte. Nirgendwo anders.

Dadurch veränderte ich meinen Glauben und die Überzeugungen über mich. Und dann kam die Extraportion Selbstvertrauen.

Und so habe ich das mit allem in meinem Leben gemacht.

Damals, in meiner Ehekrise, war ich davon überzeugt, ohne die bereits zerrüttete Partnerschaft nicht überleben zu können. Ich war mir sicher, ich würde in Depressionen verfallen und einsam sein. Dennoch habe ich auf mein Herz gehört und mich auf diese Formel verlassen, da ich sie bisher bei allem in meinem Leben erfolgreich angewendet hatte.

Also beendete ich die Beziehung und sprang in meine größte Angst. Vom höchsten Sprungbrett mitten ins tiefe Wasser. So erlebte ich das krasse Gegenteil meiner Befürchtungen.

Ich war alleine erfüllter, stärker, mutiger. Keine Depressionen kamen. Die Angst ging, verschwand einfach, und ich heilte mich nachhaltig. Die Depression und alle Ängste waren lediglich Symptome von gelebtem Selbstverrat und alten verdrängten Gefühlen gewesen.

Und dafür war nicht meine Ex-Frau verantwortlich, sondern ich selbst. Ich trage die Verantwortung für mein Leben. Ich habe ein Problem – ich bin die Lösung. Das bedeutet es, erwachsen zu sein.

Also: Dich für Mut zu entscheiden, liegt einzig und allein in DEINER Verantwortung. Mut ist ein Wert, eine Lebenseinstellung. Eine Entscheidung. Eine Eigenschaft. Deine Initialzündung und das Gaspedal. Ein Beweis, dass du dich wirklich selbst liebst, jenseits von Theorie und Wissen.

Mut ist der Weg von der Angst hin zur gelebten Selbstliebe.

2. Entschlossenheit

Das Wissen um die Belohnung, die am Ende des Prozesses auf dich wartet, schafft Bereitschaft zu Mut. Ebenso es kann dir helfen, Mut aufzubringen, indem du dir den Preis bewusst machst, den du zahlst, wenn du es nicht wagst.

Aber der Mut kann auch sehr schnell verloren gehen, wenn du zu lange zögerst. Deshalb solltest du, nachdem du eine Entscheidung gefällt hast, ziemlich schnell den Gang einlegen.

Je mehr Stunden, Tage, Wochen oder gar Monate du verstreichen lässt, desto unmöglicher wird dein Vorhaben.

Denn dein Kopf wird dir schnell weismachen wollen, dass es gefährlich ist und dass du es unbedingt lassen solltest. Er tut es, um dich zu beschützen. Doch weißt du was?

Das Einzige, wovor dein Kopf dich beschützt, ist vor Glück und Erfüllung! Vor mehr nicht.

Mach`s einfach und spring. Schnell, mutig und entschlossen!

Mit jeder Sekunde, die du verstreichen lässt, freut sich und gewinnt meistens der Kopf, also dein Verstand. Dein größtes Angstvermeidungswerkzeug.

Vernunft ist gut und wichtig und hat bis zu einem gewissen Maß ihre Daseinsberechtigung. Aber zu viel Vernunft bedeutet einen **todsicheren Weg zu Leid**. Übertriebenes Vernünftig-Sein bedeutet, lebendig tot zu sein.

In der Anfangsphase sind die Zweifel groß und man ist ohnehin verunsichert. Es reicht manchmal nur ein einziger unnötiger Kommentar eines »Freundes«, Bekannten oder Verwandten, um sich von seinem Mut abbringen zu lassen.

Viele Menschen sind sehr gut darin, die ohnehin vorhandene Angst in einem aufzublasen und einen auf »den Boden der Tatsachen« zu holen. Dieser ist natürlich so gut wie immer eine Angstkonstruktion aus einer Kleinhalte-Mentalität.

Diese Menschen missbrauchen dich unbewusst als Projektions- und Therapiefläche ihres eigenen Versagens und ihrer eigenen nicht gelebten Träume. Solche »gut gemeinten« Ratschläge sind Schläge.

Also, sprich nicht mit Menschen über dein Vorhaben – was auch immer das sein mag. Ob es deine Selbstständigkeit ist, der Wechsel der Arbeitsstelle, dein geplanter Fallschirmsprung oder die Trennung vom Partner. Die schlechtesten Ratgeber sind meist besorgte Eltern oder Menschen, die auf Sicherheit statt auf Freiheit und Erfüllung setzen.

Bevor du jemandem von deinem Vorhaben erzählst, schaue dir zuerst kritisch das Leben dieses Menschen an. Nicht das, wovon er erzählt, sondern seine gelebte Realität. Die gelebte Realität ist der einzige solide Maßstab. Entscheide dann, ob du von dieser Person wirklich einen Rat annehmen möchtest.

Falls du dich selbstständig machen möchtest und eine riesengroße Vision hast, überlege dir dreimal, ob du jemanden nach seiner Meinung fragst, wenn dieser die meisten Jahre seines Lebens in einem staatlichen Amt gearbeitet hat und seine Vision seine Pension ist. Das ist keinesfalls eine Wertung. Aber du musst darauf achten, wer in deinem direkten Umfeld ist. Das gilt für alle Themen.

Du brauchst Menschen, die dich ermutigen und ehrlich pushen. Echte Freunde versuchen, dich immer in deine beste Version zu bringen. Ein Freund, der wahrnimmt, dass du dich selbst verrätst und dich nicht darauf aufmerksam macht, ist kein Freund. Gute Freunde verpassen dir einen netten Arschtritt.

Aus Erfahrung sage ich aber lieber pauschal: Sprich am Anfang diesbezüglich mit niemandem. Denn ich weiß, dass bei dem Entschluss zu einer größeren Veränderung meist der Großteil des aktuellen Umfeldes nicht mitspielt.

Vielen Menschen machen Veränderungen Angst. Sie haben Angst vor zu viel Größe und Licht. Denn dein Umfeld ist meist auf einem ähnlichen Bewusstseinsstand wie du. Menschen versammeln sich mit Menschen eines ähnlichen geistigen Levels. Sobald du aber etwas in dir veränderst, bist du nicht mehr auf dem gleichen Mindset-Stand wie dein (noch) aktuelles Umfeld.

Wenn deine Situation dennoch eine Ausnahme darstellt und du die richtigen Leute um dich hast, die dich pushen, anstatt dich klein zu halten, und in deine Richtung schauen, dann greif natürlich zu. Hol dir von ihnen Kraft, Energie und eine Motivationsspritze.

Bedenke auch, dass viele aus deinem Umfeld in dir etwas sehen werden, wonach sie sich selbst ganz tief in ihrem Innersten sehnen. Aber sie negieren und verleugnen es. Ihr Mangel an Erfolg und Mutlosigkeit wird sie durch dein Vorleben schmerzen. Du hältst ihnen damit einen schonungslosen Spiegel vor. Du bist ein lebender Lügendetektor für das Leben der anderen.

Aus diesem Grunde werden sie versuchen, dich ebenso schön brav da zu behalten, wo du warst und bist. Damit sie sich in deiner Anwesenheit weiterhin komfortabel fühlen. Damit du ihre Kleinheit nicht durch deine Größe so stark fühlbar machst.

3. Zuversicht

Wenn dir der Mut fehlt, dich deinen Ängsten zu stellen, fehlt dir die Initialzündung für dein Vorhaben. Wenn du Mut hast, aber nicht entschlossen genug handelst, ist die Gefahr sehr groß, dass du von deinem Vorhaben wieder ablässt. So weit, so klar.

Die letzte Zutat des Cocktails, um den Kreis oder besser gesagt das Dreieck zu schließen, ist Zuversicht.

Ohne Zuversicht als dritte Eigenschaft des magischen Dreiecks besteht die Gefahr, dass du zu früh aufgibst. Denn du wirst auf deiner ganz persönlichen Heldenreise auf viele Widerstände stoßen. Das Leben wird schnell testen, ob du lieber wieder in deine Komfortzone zurück möchtest.

Um nicht beim ersten Widerstand aufzugeben, brauchst du Zuversicht und Vertrauen, dass alles klappen wird und das Leben es gut mit dir meint. Denn das tut es. Immer. Leider kann dies unser begrenzter Verstand im Moment des Geschehens bzw. der Krise nicht verstehen.

Die Belohnung für deinen Mut kommt immer erst, nachdem du deine Angst überwunden hast. Fast jede und jeder von uns war schon mal in einer beschissenen Lebenssituation. Erst im Nachhinein ergibt alles einen Sinn. Dann weißt du, wozu es gut war, und siehst das große Ganze – the big picture.

Alles geschieht zu deinen Gunsten und dient deinem Wachstum. Du bekommst vom Leben genau das, was du gerade brauchst, und nicht das, was dein Verstand zu brauchen glaubt. Alles ist richtig, wie es ist, sonst wäre es anders.

Jene Menschen wurden wirklich erfolgreich, die nie aufgehört haben, an sich und das Leben zu glauben.

Es geht um tiefes Urvertrauen. Vertrauen in das Leben, deine Bestimmung, etwas Höheres. Die innere Zuversicht, dass am

Ende alles gut sein wird. Und wenn es noch nicht gut ist, dann ist es eben noch nicht das Ende – wie Oscar Wilde schon sagte.

Denn wenn du deine Ängste durchschreitest und durch die Talphasen dieses Prozesses gehst, ist es verdammt schwierig, wenn du an nichts **Größeres oder Höheres** glaubst.

Deshalb glaube an das Leben, an die Natur, an das Universum, an das Göttliche oder das, was dir persönlich zusagt. Ohne diesen Glauben wird es weitaus schwieriger.

Meine größten Hindernisse im Leben hätte ich ohne dieses Ur-Vertrauen und meinen Glauben nicht überwunden.

Solltest du an nichts Höheres glauben, dann mache dir bewusst, an was du stattdessen glaubst.

Denn man glaubt - bewusst oder unbewusst - immer an etwas.

Viele Menschen, die meinen, an nichts zu glauben, glauben stattdessen in Wirklichkeit, sie seien ein reines Produkt der Evolution aus Fleisch und Blut oder Ähnliches. Sie glauben an die Wissenschaft, das Geld, diese Dinge. Und wenn sie sterben, war es das dann? Das ist eine trübe und traurige Aussicht.

Erst wenn du keine Angst mehr vor dem Tod hast, hast du auch keine Angst mehr vor dem Leben.

Du darfst natürlich alles glauben. Ich will dir nichts aufdrücken. Ich übermittle dir lediglich meine Wahrheit. Diese Wahrheit beruht auf Erfahrungen und vor allem auf Funktionalität.

Es ist schichtweg intelligent, an etwas Größeres zu glauben. Was auch immer das für dich sein mag. Denn das gibt Unmengen an Kraft und Vertrauen, speziell für anspruchsvolle Phasen des Lebens.

Ich möchte dich dafür sensibilisieren, dass das, an das du glaubst, ENORMEN Einfluss auf die Art und Weise hat, wie du das Leben betrachtest, wahrnimmst, führst und demnach auch erfährst. Jede und jeder kann frei wählen, wie sie und er das Leben, den Regen, die Ampel, die Welt, die Menschen, die Umstände sehen.

Wie du etwas betrachtest, bewirkt reale Veränderung einer scheinbar so eindeutigen Sache und damit auch deren Erfahrung. Die Realität liegt wahrlich im Auge des Betrachters.

Ein Tipp von mir:

Beginne rechtzeitig, deinen Fokus auf die wichtigsten Fragen des Lebens zu richten und dich mit den Antworten darauf zu befassen.

Denn früher oder später kommt KEIN Mensch daran vorbei, sich mit den lebensrelevanten Themen auseinanderzusetzen: dem Sinn unseres Daseins, was danach passiert oder nicht passiert, was die eigene Aufgabe ist …

Viele Menschen meiden diese Themen aus Angst ein Leben lang und konfrontieren sich leider erst auf dem Sterbebett damit, anstatt sich rechtzeitig die richtigen Fragen zu stellen.

Ich finde es ganz wunderbar, dass die neueren Generationen in ihrem Bewusstsein viel weiter sind. Denn schon viele Zwanzigjährige stellen sich Fragen nach ihrer wahren Berufung, dem Sinn des Lebens und dem Beitrag, den sie für diese Welt leisten können und wollen.

Sie warten nicht erst, bis sie in der Mitte ihres Lebens durch eine Krise aus dem Hamsterrad geworfen werden, um aufzuwachen. Auf diese Art leben sie von Anfang an etwas, das sich **ein wahres Leben** nennt.

Alles knackig auf den Punkt gebracht:

1. Um eine Reise mit deinem Auto zu unternehmen, brauchst du einen Grund, damit du überhaupt ins Auto steigst. So ist es mit der Angst: Du solltest wissen, warum du überhaupt durch die Angst gehen willst. Dafür ist das richtige Bewusstsein, ein gutes Mindset nötig. Denn Angst liegt niemals in den Dingen selbst, sondern darin, wie du die Dinge, die Situation, die Angst betrachtest. Du brauchst das Wissen, dass alles, was du willst, auf der anderen Seite der Angst ist. Und es gibt keinen Umweg und keine Abkürzung. Ob du deine Ängste erfolgreich überwindest, hängt nicht von Techniken, sondern von dem richtigen Cocktail an Eigenschaften, ab.

2. So, jetzt sitzt du im Auto. Nun solltest du die Zündung betätigen und aufs Gas drücken. Das Gaspedal bei der Angstüberwindung ist der MUT.

3. Allerdings solltest du nicht nur mutig, sondern auch entschlossen in deine Ängste springen. Um sicherzustellen, dass dein Kopf dich nicht von deinem Vorhaben abbringt.

4. Als letzte Zutat benötigst du Zuversicht, um die Talphasen zu überstehen und nicht vorzeitig aufzugeben.

Der gesamte Prozess als Formel

Mut + Entschlossenheit + Zuversicht = neues Selbstbild > wahres Selbstvertrauen > noch mehr Mut und Bereitschaft zur Angstüberwindung und Grenzerweiterung > die nächstgrößere Angstüberwindung usw. Es ist ein Kreislauf!

Übung für Mut, Bereitschaft und Motivation

Diese Übung ist speziell dann geeignet, wenn du Angst vor einem konkreten Vorhaben hast. (z. B. Selbstständigkeit, Fallschirmsprung, Trennung, Jobwechsel …). Dafür ist die Technik EXTREM WIRKSAM.

NICHT GEEIGNET ist diese Übung für akute Ängste, die nicht mit einer Entscheidung oder einem Vorhaben verknüpft sind. Ein Beispiel dafür wäre: Du sitzt gerade in deinem Garten und Panik durchflutet dich, weil du dir plötzlich einbildest, an Krebs zu erkranken. So wie der Nachbar, der letzte Woche daran gestorben ist. In diesem Fall bringt dir diese Übung nichts, weil die Angst, an Krebs zu erkranken, nicht von einer Entscheidung, Planung oder einem Vorhaben abhängt. Für solche Art von Ängsten gebe ich dir im nächsten Kapitel eine Übung.

Also:

Stelle dir das Schlimmste vor, was dir passieren kann, wenn du dich mutig mit der Angst konfrontierst und dein Vorhaben durchziehst. Sage dir dann laut: Auch wenn das passiert – ich werde damit klarkommen!

Nun drehst du alles um und fragst dich: Was würde ich alles an Möglichkeiten verpassen, wenn ich mich der Angst und dem Sicherheitsbedürfnis beugen würde? Welche Chancen könnten mir entgehen? Welches Leben könnte auf mich warten, das ich nicht in Anspruch nehme?

Denk daran, dass die meisten Menschen auf dem Sterbebett genau diese verpassten Möglichkeiten schmerzhaft bedauern. Keiner bedauert Fehler, die er gemacht hat. Nicht gemachte Fehler sind die Tragödien am Ende des Lebens. Und da gibt es kein Zurück mehr.

Konzentriere dich darauf, wie dein Leben aussehen und sich anfühlen könnte. Starke positive Ziele und Visionen geben enorm viel magnetische Zugkraft. Eine gefühlte Aussicht auf ein lebenswertes Leben hat eine starke Anziehungskraft.

Nachdem du dir das alles bewusst gemacht hast, mache dir klar, dass du all das – und womöglich noch weitaus mehr – verpassen würdest.

Hier passiert eine sehr effektive Umkehrung: Du richtest deinen Fokus nicht auf die möglichen Gefahren, sondern auf die Chancen. Dadurch wird dir bewusst, was dir alles entgehen würde, wenn du dich gegen deinen Mut entscheidest. Du trickst damit deinen Kopf aus, was ja okay ist und funktioniert. Aber dieser »Trick« ist so gesehen eigentlich kein Trick, denn wir müssten eigentlich Angst vor all dem haben, was wir nicht wagen.

6

AKUTLÖSUNGEN FÜR DIE GANZ „VOLLE HOSE“

Wenn jemand mit einer Kalaschnikow vor dir steht, dann ist diese Angst gesund und überlebensnotwendig. In der Kampfkunst nenne ich sie den »Turbobooster«. Adrenalin wird durch die Nebenniere freigesetzt, alle Energiereserven werden aktiviert und du hast für kurze Zeit erhöhte Fähigkeiten an Geschwindigkeit, Kraft, Wahrnehmung und Schmerzresistenz.

Das bedeutet, du kannst optimal flüchten oder kämpfen. Diese natürliche und begründete Art von Angst kommt aus der Zeit des Säbelzahntigers.

Sollte eine solche reale Gefahr tatsächlich eintreten, z. B. bei einem Überfall oder Unfall, dann liegt auf der Hand, was zu tun ist: Schnelles Handeln ist angesagt. Wenn der Säbelzahntiger vor dir steht, wird es dir wenig dienlich sein, mit Übungen oder innerer Liebesarbeit zu beginnen.

Aber so etwas findet hierzulande nur äußerst selten statt. Daher sind wir zu 99,9 Prozent mit selbst kreierten Ängsten konfrontiert, die ausschließlich in unserem Verstand existieren und sich immer auf die Zukunft beziehen.

Trotzdem schafft es unser Verstand, es uns manchmal so glaubhaft zu machen, dass es real ist, und wir werden von dem Angstgefühl regelrecht überwältigt. Wir sehen nur mehr schwarz. Gefühle von Enge und Panik treten auf. Die Gefühle von Angst werden plötzlich so groß, dass wir in eine Art Rausch verfallen und den Bezug zur Realität verlieren.

Jetzt besteht die Gefahr, das Handtuch zu werfen, den Sinn in allem nicht mehr zu sehen und impulsiven Unfug zu veranstalten. Ein Mensch in einer solchen Situation ist so extrem auf das Negative fokussiert, dass er dabei alles Wichtige aus dem Blick verliert.

Wir sind in einem solchen Extremfall voll mit unseren Gedanken identifiziert. Weil wir glauben, was wir denken, und das, was wir denken, sind Horror-Szenarien unseres Verstandes.

Jetzt brauchst du eine schnelle Rückholaktion in die Klarheit.

Hier gebe ich dir zwei einfache Übungen mit, die mir und vielen Klienten schon oft in Angst-Rausch-Zuständen geholfen haben. Dabei geht es darum, das Gehirn auszutricksen und vor allem das Gefühl der Angst von der Ursache zu trennen. Du trennst die Angst von dem, was sie eigentlich ausgelöst hat.

Übung 1

1. Prüfe, ob am einzigen realen Ort und zur einzigen realen Zeit, dem Hier und Jetzt, wirklich eine objektive Gefahr besteht. Oder handelt es sich um eine auf die Zukunft projizierte Situation deines Verstandes? Findet das, wovor du dich fürchtest oder was du befürchtest, JETZT aktuell statt? Ist es schon eingetreten?

So gut wie immer wirst du feststellen, dass keine reale Gefahr besteht und es sich um hausgemachte Gedanken-Konstrukte voller dunkler Befürchtungen handelt. Dadurch stellst du deinem Gedankenkarussell das erste Beinchen.

Sage nun laut: Jetzt ist gerade keine Gefahr vorhanden. Im Moment ist alles gut.

Beispiele: Frage dich bei Angst vor einem Flugzeugabsturz, ob das Flugzeug JETZT gerade wirklich abstürzt. Bei Angst vor dem Scheitern bei einem Bühnenauftritt, checkst du ab, ob du wirklich gerade in dieser Sekunde scheiterst.

Bei Angst vor einem Jobwechsel oder der Furcht, im Rahmen deiner Selbstständigkeit pleite zu gehen, kontrollierst du, ob du jetzt im aktuellen Moment schon wirklich pleite bist.

Bei Angst, ohne Partner unterzugehen, prüfe, ob du im Hier und Jetzt wirklich untergehst oder dir eine zukünftig eintretende Situation Angst macht.

2. Jetzt hast du dir das eigentliche Thema, den Auslöser, die Ursache der Angst angeschaut. Nun wendest du dich dem ***inneren Gefühl*** *der Angst zu. Das Gefühl selbst ist ja real. Das Gefühl der Angst zu verleugnen, würde sie nur verstärken. Versuche also nicht, das Gefühl zu entfernen, denn damit erhöhst du nur noch mehr den Druck.*

Sage dir laut: Ja, ich habe Angst und sie darf sein. Es ist okay. Sie ist mein Freund, der lediglich versucht, mich zu beschützen. Damit nimmst du sie an, du akzeptierst sie und bist nicht im Widerstand. Sage dir: Aber ich bin nicht die Angst, sondern ich bin ihr Herr, ihr Besitzer. Ich bin ihr Behüter, denn ich habe ein Recht auf meine Angst – das ist ja MEIN GEFÜHL. Damit löst du die Identifikation mit deiner Angst auf.

Jetzt kannst du dich, während du das Gefühl deiner Angst einfach sein lässt und akzeptierst, um den realen Grund der Angst kümmern. Wenn der Grund für deine Angst beispielsweise ein finanzieller Bankrott ist, dann ergibt es sehr wohl Sinn, dir einen Finanzplan, einen Businessplan zu machen oder Hilfe in Anspruch zu nehmen. Nur: Du kannst dich jetzt ganz pragmatisch und mit nüchternem Kopf um das

Thema kümmern – je nachdem, was das Thema ist, ohne es mit der Angst-Emotion zu vermischen und verknüpfen.

Übung 2

1. *Oft sitzt du aber so tief in diesen Angst-Gedanken fest, dass es hilfreich sein kann, einen weiteren Gedanken in Betracht zu ziehen, um aus dieser Panik erst mal akut herauszukommen.*

Du kannst ziemlich schnell die Wirklichkeit der Gefahr prüfen, indem du dich fragst, ob absolut jeder Mensch auf der ganzen Welt diese Gefahr, die du fürchtest, ebenso als wahr einstufen würde.

Sobald du zu dem Ergebnis kommst, dass dafür keine Einstimmigkeit ALLER Menschen herrschen würde, weißt du, dass du deinem Verstand in die Falle getappt bist. Denn so gut wie jeder Mensch würde bei geistiger Gesundheit eine Situation mit Terroristen oder einem Tiger, der vor ihm steht, als gefährlich empfinden.

Aber nicht jeder Mensch würde die Angst vor einer Trennung von einem Arbeitgeber oder Partner und vor allem die dunklen Befürchtungen über die entsprechenden Konsequenzen als gleich wahr empfinden. Das Gleiche gilt für die Angst vor dem Flugzeugabsturz, einem Herzinfarkt oder ähnlichen Panikvorstellungen. Somit neutralisierst du das Drama in deinem Kopf etwas. Denn es wird sich so gut wie nie um eine reale Gefahr im gegenwärtigen Moment handeln.

2. *Frage dich, wie realistisch es ist, dass deine Vorstellungen tatsächlich eintreten. Denk an eigene Erfahrungen, bei denen du dir immer und immer wieder alles Mögliche ausgemalt hast. Doch ist es jemals passiert?*

Mache dir bewusst, dass Menschen mit viel Lebenserfahrung sich bewusst sind, dass 90 Prozent der Dinge, über die wir uns Sorgen machen, überhaupt nicht eintreten. Ich kann dir das aus meinen hundertfachen Angstkonfrontationen ebenso bestätigen.

7

SO WIRST DU EMOTIONAL FREI! DIE ÜBERWINDUNG DER GRÖSSTEN ANGST

Erst, wenn du dich von dem Gefühl der Sehnsucht befreist und darauf scheißen kannst, wer dir folgt, dich feiert oder lieb hat – erst dann bist du richtig frei.

Wir kommen als echte, authentische, unmaskierte, neugierige, lebendige und vor allem mutige Wesen auf die Welt. Als Kinder sind wir bereits fertig, erwacht und erleuchtet. Eigentlich wäre ja dann alles in Ordnung. Wir würden keine Coaches oder Ähnliches benötigen. Denn ein Kind hat ein intuitives Gefühl dafür, wie Leben funktioniert.

Weshalb spreche ich dann von einem »eigentlich«?

Bereits als Kinder verschließen wir unser eigenes Herz und verbringen viele Jahre damit, das zu machen, was andere von uns wollen. Extrem wenige Ausnahmen bestätigen diese Regel. Wir erfahren das schmerzhafte Gefühl, dass wir von unseren Eltern nicht einfach um unserer selbst willen anerkannt und geliebt werden. Jede und jeder erlebt das auf eine andere Art und Weise.

Vielleicht hast du hochkreativ die neuen Tapeten deiner Eltern bemalt. Als du ihnen voller Stolz dein Kunstwerk gezeigt hast, in der Erwartung, dafür gefeiert zu werden, bekamst du Sanktionierungen anstatt Lob und Anerkennung.

Um diesen Schmerz von »Ich bin nicht richtig, so wie ich bin« auf keinem Fall erneut fühlen zu müssen, legten wir uns Masken und Rollen zu, die uns davor beschützen sollen, erneut dieses Gefühl von Ablehnung und »Nicht-Ganz-Richtig-Sein« zu erfahren.

Wir lernten, um die Liebe anderer Menschen zu kämpfen, und uns dafür so weit wie nötig zu verbiegen.

Damit wurde die allergrößte Angst geboren, die unser Leben als Erwachsene zerstört: die kindliche Angst vor Ablehnung.

Diese Muster von bedürftigem Verhalten legen wir jedoch mit unserer Volljährigkeit nicht ab, sondern nehmen sie als innere Programme mit in unser »Erwachsenenleben«. Warum habe ich das »Erwachsen« in Anführungszeichen gesetzt?

Ganz einfach: Leider laufen zum Großteil verletzte kleine Kinder in erwachsenen Körpern herum. Und erwachsene Körper mit kindlichen Programmen sind im Grunde immer noch Kinder.

Damit machen wir uns abhängig von Fremdliebe und sind leicht manipulierbar.

Wir versuchen, es allen recht zu machen, und vergessen uns selbst dabei. Somit leben wir das Leben der anderen und entscheiden uns damit unbewusst gegen uns. Wir werden gelebt. Wir sind im Spiel des Lebens keine aktiven Spielfiguren mehr, sondern werden gespielt.

Wir haben von klein auf gelernt, dass andere Menschen – primär unsere Eltern – für unsere Gefühle verantwortlich sind. Als Kinder waren wir tatsächlich auf ihre Liebe und ihren Zuspruch angewiesen. Das bedeutet: Fremdliebe und Fremdwert anstatt Selbstliebe und Selbstwert.

Aus dieser Annahme zogen wir die Schlussfolgerung, dass auch wir die Verantwortung für die Gefühle der anderen tragen. Nach dem Motto: Du gibst mir und ich gebe dafür dir. Jeder Mensch ist für den anderen verantwortlich – nur nicht für sich selbst.

Und so entstehen Konflikte. Solange du die Erwartungen deines Partners oder deiner Partnerin erfüllst, ist alles gut. Du fühlst dich dafür verantwortlich, dafür zu sorgen, dass er oder sic glücklich ist. Als Gegenleistung sorgt er oder sie dafür, dass es dir gut geht.

Wenn irgendwann eine der beiden Parteien nicht mehr so gut funktioniert und nützlich ist, wie erwartet, beginnt das Verurteilen, Beschuldigen, zur Rechenschaft ziehen, mit dem Finger aufeinander zeigen, das gegenseitige Bespucken und Bekriegen. Ganz wie in einem Kindergarten.

Das sind so tiefsitzende Programme, dass es manchmal ein Wachrütteln benötigt, um sich dieser schädlichen inneren kindlichen Programme überhaupt bewusst zu werden. Dieses Wachrütteln ist eine meiner Aufgaben.

Anschließend geht es darum, neue Gewohnheiten in das eigene Leben zu integrieren, um damit die alten Programme mit besseren zu überschreiben, die Angstprogramme durch Liebes- und Glücklichmachprogramme zu ersetzen.

Was musst du konkret tun, um dich von diesen emotionalen Fesseln zu befreien und diese Angst vor Ablehnung zu überwinden?

1. **Lerne, GESUNDE GRENZEN ZU SETZEN!**

2. **Lerne, NEIN ZU SAGEN!**

Vorweg: Am Ende dieses Kapitels gebe ich dir konkrete praktische Maßnahmen, wie du alles aus diesem verdammt wichtigen Kapitel in deinen Alltag integrierst und es erfolgreich umsetzt.

Gesunde Grenzen zu setzen, ohne dabei in den Kampf zu gehen, müssen die meisten Menschen erst neu lernen. Es ist wie ein Neu-laufen-Lernen.

Jede und jeder von uns hat ein inneres Kind. Dieses sitzt in deinem Unterbewusstsein, dort ist deine Intuition, dein Herz.

Wenn du zulässt, dass deine Grenzen überschritten werden, lässt du zu, dass dies deinem inneren Kind geschieht.

Falls du Kinder hast, stell dir bitte vor, dein Kind würde von einem Fremden auf der Straße blöd angemacht oder angegriffen. Was passiert, wenn du als Erwachsener nicht einschreitest, um seine Grenzen zu schützen?

Wird es Vertrauen in dich haben und dir ein Lächeln schenken? Wohl kaum!

Anhand dieser Darstellung ist uns das glasklar. Nur bei uns selbst und unserem inneren Kind scheinbar nicht.

Wir sind zu aller Welt lieb und nett, aber uns selbst bestrafen und bescheißen wir tagtäglich. Wir peitschen uns wahrlich mit Selbstverurteilungen und Schuldzuweisungen aus.

Wisse:

Erniedrigt dich jemand, kommt er dir blöd oder verletzt deine Werte, dann macht er dies mit deinem inneren Kind.

Überlege dir also dreimal, ob du das zulässt. Denn dein inneres Kind nimmt ALLES wahr. Und das hat viel mehr Auswirkung auf deinen Zustand, als du denkst.

Verwechsle das Setzen von Grenzen nur bitte nicht mit dem Verhalten eines Streithahns, der nur darauf wartet, jemanden anzuspringen. Es geht um friedliche, aber bedingungslose Konsequenz. Sei respektvoll in der Kommunikation mit anderen, aber eben auch respektvoll zu dir selbst.

Die Idee ist, dass du deine Werte schützt. Denn dein Selbstwert fußt auf ihnen. Deshalb ist das Wort »Wert« darin enthalten. Du musst für die Einhaltung und das Nicht-Verletzen deiner ganz persönlichen Werte sorgen. Auf die Definition deiner ganz persönlichen Werte gehe ich später im Buch ein.

Du darfst dich nicht mehr als Projektionsfläche anderer zur Verfügung stellen. Du bist nicht der Mistkübel für die Themen und Probleme anderer Menschen. Denn viele tragen unverarbeitete Themen wie Wut, Schuld, Unzufriedenheit in sich und suchen dafür einen Sparringspartner, um ihm diese Probleme umzuhängen und so sich selbst kurzfristig davon zu befreien. Damit schadest du nicht nur dir – du hilfst damit auch diesen anderen Menschen nicht. Denn du hinderst sie daran, sich mit ihren Schattenthemen auseinanderzusetzen und diese zu heilen.

Deshalb setze bitte Grenzen, ohne dich auf das Ego-Bedürfnis von Streit und Krieg des Gegenübers einzulassen. Es ist nicht leicht, sich nicht emotional binden zu lassen. Dafür musst du dein eigenes Ego unter Kontrolle haben.

Spricht beispielsweise ein Kollege oder dein Partner oder wer auch immer in einem respektlosen Ton mit dir oder behandelt dich von oben herab, könntest du ihm sagen: »Stopp! Kommunikation mit mir findet ausschließlich respektvoll und auf Augenhöhe statt. Wenn du dazu nicht in der Lage bist, dann einen schönen Tag noch!«

Dreh dich um und geh.

Dein Unterbewusstsein und dein inneres Kind nehmen das sofort wahr.

Warte ab, was alles in dir passiert, wenn du damit beginnst. Damit signalisierst du deinem Unterbewusstsein, deinem inneren Kind, dass du dich selbst wertschätzt. Denn wenn du dir selbst nichts wert wärest, hättest du dies über dich ergehen lassen. Hast du aber nicht. Das hat enorme positive Konsequenzen.

Du sagst damit bedingungslos JA zu dir und deinem inneren Kind.

Also wird dir dein inneres Kind das Gefühl von Selbstwert schenken.

Je öfter du das machst und es zu einer neuen Gewohnheit wird, so wie das Zähneputzen, desto mehr wächst dein Selbstwert und verfestigt sich. Bis es dich irgendwann keine Anstrengung mehr kostet, diese Angst vor Ablehnung zu überwinden, und du gar nicht anders kannst, als dich selbst zu schätzen, zu achten und zu lieben.

Wie oft hast du in deinem Leben schon zu etwas JA gesagt, obwohl du es eigentlich nicht wolltest?

Ich vermute mal öfter als nur einmal!

Dann lies jetzt bitte sehr aufmerksam, was ich dir mitteile:

Jedes Mal, wenn du zu etwas JA sagst, was du nicht möchtest, sagt du NEIN zu dir.

Jedes Mal, wenn du zu etwas JA sagst, um jemand anderem nicht wehzutun, tust du dafür dir weh. Du rammst damit ein Messer direkt in die Brust deines inneren Kindes.

Hingegen ist jedes NEIN im Außen automatisch ein JA zu dir!

Erst als ich begonnen habe, dieses Zauberwort neu zu lernen und in mein Leben zu integrieren, sind wahre Wunder passiert.

Auf mein klares JA zu mir und nach dem Wort NEIN im Außen wurde mein inneres Kind hellhörig und aufmerksam. Und es begann, mir unbeschreibliche Gefühle von echtem, tiefem Selbstwert zu schenken. Je öfter ich dies getan habe, desto freier und freier wurde ich.

Das war übrigens einer der ersten großen Schritte zu meinem emotionalen Durchbruch. Der Beginn eines neuen Lebensgefühls. Der erste Step, mit dem ich begann, die Beziehung zu meinem kleinen Jungen, der in mir sitzt, wieder in Ordnung zu bringen.

Ich saß damals tief in meiner konditionierten Verstrickung in ein gesellschaftlich allgemeingültiges Modell von richtig oder falsch, von schuldig und nicht schuldig, von einem »was und wie man etwas zu denken, zu machen bzw. wie es zu sein hat«. Ich habe so tief »geschlafen«, war so weit entfernt von dem, was ich wirklich wollte und wer ich wirklich war. Ich war gefangen in meinen geistigen Fesseln von externen strafenden und richtenden Instanzen.

Denn ich habe die Welt und mich aus dieser engen, höchst begrenzten Perspektive meines anerzogenen Verstandes betrachtet.

Klienten von mir, die begannen, das Wort NEIN mutig zu üben und es in ihren Alltag zu integrieren, erlebten binnen kürzester Zeit Wunder– meist in dem Moment selbst! Sie berichteten mir anschließend, zuvor viele komplizierte Methoden probiert zu haben, die keine Wirkung gezeigt hatten. Nie hätten sie geahnt, dass etwas so Einfaches eine solch starke und schnelle Wirkung haben kann. Menschen blühten wahrlich auf und entdeckten ihre wahre Kraft und ihren Selbstwert. Kleine Küken oder Entlein wurden so zu prachtvollen Schwänen. Das Setzen von Grenzen und das Neinsagen sind so logisch und einfach, dass es fast schon wehtut.

Vergiss nicht: Diese Erfahrungen lösen Folgeprozesse in einem aus. Denn ein Wort ist eine Sache. Eine gemachte Erfahrung eine andere. Mein erstes Freiheitsgefühl nach einer Erfahrung mit dem Wort NEIN hat mich Blut lecken lassen (denk an den Prozess des magischen Dreiecks). Dadurch begann ich, auch andere scheinbar selbstverständliche Dinge in Frage zu stellen. Das hat wiederum zu neuen Entdeckungen geführt, die mich dazu bewegten, mich noch mehr mit mir selbst auseinanderzusetzen. Und so ging es immer weiter …

Bis ich schließlich einige Monate später in einem Leben gelandet war, das wirklich ein Leben war. Vor allem war es wirklich MEIN Leben. Ein Leben, das ich zuvor für eine kindliche Illusion und Traumvorstellung gehalten hatte.

Doch Achtung: Genauso funktioniert dies auch in die umgekehrte Richtung. Wenn du einmal mehr JA zu etwas sagt, was dir nicht passt, und dich damit der Angst unterwirfst, dann nährst du deine Angst. Du hast dich einmal mehr für die Angst anstatt für Liebe entschieden. Du hast dich einmal mehr GEGEN DICH und DEIN INNERES KIND entschieden. Dieses innere Kind bist du. Keiner ist dir näher als du. Du bist der wichtigste Mensch in deinem Leben. Du kannst alles verlieren, aber du kannst niemals DICH verlieren.

Was dir aber passieren kann: Du kannst dich selbst wegwerfen. Du kannst dein kleines inneres Wesen vergessen und es in den Kerker sperren. Dann bist du wirklich allein. Dann kannst du zehn Frauen oder Männer haben, das erfolgreichste Business. Du wirst dich immer einsam fühlen. Denn wenn du am Abend ins Bett gehst und alle im Haus schlafen, bleibst nur du mit dir.

Wenn dein kleines ICH aber verletzt ist, weil du es nicht beschützt hast, dann wirst du eine innere Leere spüren. Dann hast du dich selbst verloren.

Nimm bitte meine Worte mit deinem Herzen auf! Ich meine es genauso, wie ich es schreibe. Denke darüber ernsthaft nach. Ich weiß nicht, ob dir bewusst ist, was diese kleinen Änderungen deines Verhaltens bewirken. Ob dir überhaupt bewusst ist, was für ein wichtiges Kapitel du gerade liest.

Ich habe mir viele Jahre einreden lassen und fest daran geglaubt, sich selbst zu lieben und zu sich zu stehen, sei egoistisch oder gar narzisstisch.

Aber soll ich dir was sagen? Weißt du, was wirklich Egoismus ist?

Wenn du dich nicht liebst! Das ist Egoismus. Denn du kannst andere Menschen nur in dem Maße lieben, achten und wertschätzen, wie du dich selbst liebst, achtest und wertschätzt.

Ach ja, noch etwas:

Wenn du Nein sagst, dann bitte nicht: »Nein, weil, äh, blablabla …«

Bitte sag einfach nur: »Nein!

Wenn man dich fragt, warum, dann antworte: »Weil ich es nicht möchte.«

Steh zu dir, du brauchst dich für dich und dein inneres Kind nicht zu rechtfertigen.

Und ja, das erfordert eine Menge Mut.

Denke daran, dahinter steckt die größte aller unserer größten Ängste, die Angst, abgelehnt zu werden. Und sich damit gefühlsmäßig wieder Jahrzehnte zurückversetzt zu fühlen, als wir das bei Mami oder Papi erlebten.

Doch glaube mir: Das ist der einzige Weg in die emotionale Freiheit. Der einzige Weg, um authentisch zu werden. Der einzige Weg, um sich von allen erlernten Masken und Rollen zu befreien. Dann fühlst du, was wahre Freiheit ist. Emotionale Freiheit als Gefühl ist kaum vergleichbar mit materieller Freiheit. Du beendest damit schlagartig das Spiel, wie ein Süchtiger herumzulaufen und um ein bisschen Fremdliebe und Anerkennung zu betteln. Und die Gegenleistung, deine Währung dafür, ist der eigene Selbstverrat und das sich Kleinmachen.

Wenn du ständig nur der nette, liebe Mensch bist und alles hinunterschluckst, bis die angesammelte Negativität irgendwann ausbricht, dann hat das nichts mit Liebe und Nettigkeit zu tun. So etwas nenne ich gelebten Selbsthass.

Denn echte Liebe ist das Gefühl, in dem du hochschwingst. Wenn du hinunterschluckst, in der Illusion, du seist dadurch ein guter Mensch, schwingst du ganz tief in Selbstablehnung im Selbstverrat und Selbsthass.

Wahrlich gelebte Selbstliebe und Selbstwert haben nichts damit zu tun, wie oft du diese Wörter in den Mund nimmst oder sie anhand neuer erlernter Masken demonstrierst.

Selbstliebe und Erleuchtung haben nichts damit zu tun, ob du dauergrinsend mit Räucherstäbchen in der Hand herumspazierst und über Liebe sprichst.

Ich sage dir ehrlich: Das hat mit funktionaler, echter Spiritualität oder auch Selbstliebe rein gar nichts zu tun. Thema verfehlt! So etwas hat nichts Erwachtes oder Erleuchtetes an sich!

Wir haben diese Fähigkeit als kleine Kinder ins uns gehabt. Wenn die kleine Linda oder der kleine Alexander nicht zur Tante Frida gehen wollten, dann sagten sie es auch so, wie sie es meinten. Vielleicht antwortete aber die Mama darauf: »Das geht nicht, das ist unhöflich, die Tante erwartet euch – also anziehen und wir fahren hin.«

Vielleicht hast du beobachtet, wie die Mama zu Hause über eine Nachbarin herzieht. Anschließend hast du gesehen, wie sie genau diese Nachbarin wenig später beim Müllwegwerfen traf und freundlich grüßte, ja sogar einen »netten« Smalltalk mit ihr hielt. So lernt ein Kind: »Aha, ich muss manipulieren, ich muss immer freundlich sein und mich verstellen.«

Es kann ja auch sein, dass du als kleines Kind jemanden nicht mochtest. Also wolltest du diese Person nicht grüßen. Mama sagte dir aber: »Grüß ihn gefälligst!«. Das fandest du merkwürdig: »Aber wieso, Mama, ich mag ihn doch nicht?« Und deine

Mutter antwortete: »Weil man das so macht, das ist gute Erziehung!«

Oder der Nachbar läutete an der Tür. Papa machte auf und unterhielt sich freundlich mit ihm. Er lud ihn sogar zu einem Abendessen ein. Sobald er dann die Tür hinter ihm geschlossen hatte, hörtest du deinen Vater sagen: »Arschloch!«

Das waren nur einige exemplarische Beispiele. Kinder lernen immer nur durch das Vorbild.

Beobachte kleine Kinder. Sie sind noch frei und echt. Wenn ich etwas Neues über das wahre Leben und Authentizität lernen möchte, beobachte ich die Interaktion meiner dreijährigen Tochter mit ihren gleichaltrigen Kammeraden. Ich setze mich hin und lerne von den größten spirituellen Lehrern, die uns zur Verfügung stehen: von kleinen Kindern!

Sie sind noch so frei. Frei von jeglichen Masken, Rollen, Konzepten. Sie spielen, wenn sie spielen wollen. Wenn es langweilig ist, hören sie einfach damit auf.

Sie sagen: »Ich mag nicht mehr.« Ohne zu argumentieren und es zu begründen. Ohne Angst zu haben, ohne zu wissen, wie sie das ihren Freunden verkaufen sollen, damit diese nicht beleidigt sind. Ohne um jeden Preis gefallen zu wollen.

Sie haben noch ein Einheitsbewusstsein. Dass wir alle EINS sind. Sie trinken aus einer Flasche, sie haben keine Scham, gehen gemeinsam aufs Klo.

Sie umarmen sich gegenseitig einfach so, weil sie es gerade als richtig empfinden. Sie sagen sich manchmal: »Ich bin nicht mehr dein Freund«, weil sie es gerade als richtig erachten. Zehn Minuten später spielen sie wieder gemeinsam, ohne nachtragend zu sein und ewig in der Vergangenheit stecken zu bleiben. Sie weinen, wenn sie weinen wollen, und lachen, wenn sie lachen wollen. Ohne alles vorher zu durchdenken, zu planen und abzuwägen. Sie SIND einfach. Sie sind die meiste Zeit ganz und gar im Hier und Jetzt. Sie grübeln und wühlen nicht in der Zukunft herum, über das Schreckliche, das ihnen in der Zukunft zustoßen könnte.

Wie schaut's bei dir aus?

Hast du Angst davor, deine Meinung zu sagen und deine Werte zu schützen?

Hast du Angst, Nein zu sagen?

Weißt du nicht, wie du diese Angst überwinden sollst?

Ich sag's dir: Mach's einfach!

Denk an das magische Dreieck der Angstüberwindung. Auch hier läuft der gleiche Prozess ab.

Indem du in die Angst hineinspringst, wirst du erfahren, dass du daran nicht stirbst. Dein Selbstvertrauen wächst. Und der Honig aus der stärksten Form der Freiheit, die es gibt (emotionale Freiheit), schmeckt so gut, dass du nicht mehr anders können wirst als weiterzumachen. Du wirst nicht mehr verstehen, wie du davor ohne diese emotionale Freiheit leben konntest.

Du bist nicht hier, um anderen zu gefallen! Noch einmal: Du bist nicht hier, um anderen zu gefallen!

Letztendlich musst du nur dir selbst gefallen. Und wenn du dir selbst gefällst, ohhhhhhh … Dann passieren Wunder. Dann wirst du zu einem Magnet für Glück und Fülle und gefällst auch anderen.

Denn dann schwingst du in Selbstliebe und Fülle. Und Fülle kommt nun mal immer zur Fülle. Der Teufel scheißt immer auf den größten Haufen. So ist nun mal das Universum gestrickt. So und nicht anders funktioniert es immer und immer wieder. Die kosmischen Spiegelgesetze der Anziehung funktionieren einfach. Selbst verstaubte und bereits extrem verengte Lehren wie die klassische Psychologie bestätigen das. Sie kommen auf ihre ganz eigene Erklärung und zum selben Ergebnis: Das Leben ist nur ein riesengroßer Spiegel deines Inneren.

Kümmere dich somit nicht darum, wie deine Werte, Vorstellungen, Vorlieben und Meinungen bei anderen ankommen. Punkt!

Erst wenn du darauf scheißen kannst und dich von dem Gefühl der Sehnsucht befreist, wer dir folgt, dich feiert oder lieb hat – erst dann bist du richtig frei. Mehr gibt es dazu nicht zu sagen. Jetzt geht es um das Tun!

Bruce Lee hat einst gesagt: »Knowing ist not enough, we must apply!«

Übersetzt heißt das: »Wissen allein reicht nicht – wir müssen es umsetzen.«

Habe also bitte keine Angst. Denn du kannst keine wirklichen Partner, Freunde oder wen auch immer verlieren, weil du NEIN sagst und zu dir stehst.

Wenn du jemanden verlierst, weil du du bist, dann war das weder ein Partner noch ein Freund. Dann waren das Menschen, die deine Masken geliebt haben und für die du bequem warst. Du hast dir womöglich stundenlang ihren emotionalen Müll angehört und warst nützlich. Womöglich hast du super die Erwartungen erfüllt und warst deshalb nützlich. Du warst nützlich.

Aber hey, weißt du was? Das ist gut so! Ich nenne das natürliche Auslese.

Sei einfach du selbst und du wirst erfahren, wer und was zu dir gehört.

Denn du bist vollkommen, einzigartig und liebenswert, so, wie du bist. Du brauchst um keine fucking Liebe der Welt mehr zu kämpfen, verdammt noch mal!

Du brauchst dich für und von niemandem verbiegen zu lassen. Denn es gibt Menschen da draußen, die dich genau so lieben, wie du bist.

Dieser Satz hat mein Leben befreit und für immer verändert:

DU KANNST NICHTS VERLIEREN, WAS WIRKLICH ZU DIR GEHÖRT UND FÜR DICH BESTIMMT IST. UNMÖGLICH.

FIXE »NEIN-TAGE« – konkrete Umsetzung im Alltag

Mein Tipp: Plane fixe »NEIN-TAGE« ein. Fixiere dir ein, zwei oder drei fixe Tage in der Woche, an denen du dir vornimmst, hundertprozentig zu allem Nein zu sagen, was du nicht möchtest. Du musst dich dieser kindlichen Angst stellen, um dich von ihr zu befreien. Versprich es dir selbst und vereinbare einen Pakt mit dir, dass DU ES UMSETZT, egal, was kommt, wer es ist und wie groß auch die Angst sein mag. Scheiß drauf! Beiß die Zähne zusammen, Augen zu und durch. Und du wirst sehen, wie du dich fühlst, wenn es vollbracht ist. Lass dich überraschen. Da du vermutlich noch sehr viel aus alter Routine handelst, kann es zielführend und sinnvoll sein, bei jeder Frage oder Bitte, die dir zugetragen wird, zu sagen: »Gib mir bitte einen Moment Zeit, um darüber nachzudenken.« Dann ziehst du dich zurück und stellst dir ganz ehrlich die Frage, ob du das wirklich willst.

Würdest du JA sagen, wenn du keinem mehr Rechenschaft schuldig wärst, unsterblich wärst und vor NICHTS Angst hättest? Dann findest du DEINE Antwort. Anschließend wendest du dich der Person zu, die etwas von dir will, und sagst ihr entweder DEIN JA, weil du es wirklich willst, oder DEIN NEIN, weil du es nicht willst. So verhinderst du, zu routineartig JA zu sagen, ohne dabei selbst zu merken, dass du es gar nicht willst. Vielleicht hast du schon so oft zu etwas JA gesagt, sodass du aufgehört hast, das Fremdanliegen bzw. deine Antwort darauf zu hinterfragen. Horche tief in dich hinein. Versuche wieder, die Stimme deines Herzens, deines inneren Kindes zu erfassen. Sie führt dich immer auf den richtigen Weg. Deine Intuition macht keine Fehler.

Übung - wichtige Fragen:

1. *Gehe nun in die Selbstreflexion. Nimm dir bitte für diese Fragen so viel Zeit und Ruhe, wie du benötigst. Denn du wirst womöglich nicht sofort die Antworten darauf haben. Hier geht es darum, unbewusste Verhaltensweisen und Gewohnheiten ausfindig zu machen und an die Oberfläche zu bringen. Dafür wirst du etwas Gehirnschmalz verbrauchen müssen, denn ohne zu wissen, was deine jahrelang automatisieren, schädlichen Programme sind und wo sie liegen, kannst du sie auch nicht verändern. Das ergibt Sinn, oder?*

Also: Wo ertappst du dich noch, gefallen zu wollen? Sei ehrlich zu dir und schreibe auf, wo, bei wem oder was du noch versuchst, Lob, Anerkennung, Zuspruch oder Liebe von außen zu bekommen.

____

____

____

____

2. *Frage dich: Wo übernehme ich noch – bisher unbewusst – Verantwortung für die Gefühle anderer bzw. wo versuche ich, fremde Erwartungen zu erfüllen? Schreibe die Erkenntnisse nieder.*

____

____

____

____

3. *Ich hoffe, du konntest herausfinden, wo du dich für die Gefühle und Zustände anderer Menschen verantwortlich fühlst, und hast erkannt, wo und bei wem du Fremderwartungen erfüllst.*

Frage dich jetzt: Wo erwarte ich im Gegenzug, als Gegenleistung, dass ein anderer Mensch die Verantwortung für meine Gefühle übernimmt und/oder meine Erwartungen erfüllt?

____

____

____

____

4. *Finde heraus, bei wem oder was du zulässt, dass deine Grenzen überschritten werden, bzw. wann, wo oder bei wem du einmal oder öfter zu etwas JA gesagt hast, obwohl du es eigentlich nicht wirklich wolltest.*

____

____

____

____

***5.** Schaue dir an, was du bei Frage 4 aufgeschrieben hast. Finde heraus und schreibe nieder, warum du zulässt oder zugelassen hast, dass deine Grenzen überschritten werden oder wurden, und warum du nicht NEIN sagst oder gesagt hast.*

____

____

____

____

***6.** Schreibe dir auf, bei wem oder was und wo du ab sofort gesunde Grenzen setzen bzw. NEIN sagen wirst.*

____

____

____

____

***7.** Schreibe dir auf, wer aus deinem Umfeld (Partner, Chef, Kollegen, »Freunde«) dich für etwas kritisiert, was dich schmerzt und von dem du weißt, dass du es als Eigenschaft an dir selbst <u>auch nicht magst</u>. Suche diese Person aktiv für ein friedvolles Gespräch auf. Sage ihm oder ihr respektvoll, aber klar: »Ja, ich bin, wie ich bin, und ich stehe dazu. Ja, ich liebe mich und feiere mich sogar dafür! Entweder du akzeptierest mich so oder unsere Wege trennen sich!«*

Diese Übung benötigt Mut und mag einige Konsequenzen nach sich ziehen. Aber der Effekt ist MEGA! Stell dir vor, wie viele Meter dein inneres Kind für diesen stolzen Liebesbeweis in die Höhe springen wird! Führe es durch und sei gespannt, mit welch unbeschreiblicher Belohnung dein inneres Kind dich beschenken wird.

8

SAG WIRKLICH JA ZU DIR! BEDINGUNGSLOSE SELBSTLIEBE

Real gelebte Selbstliebe ist kein Selbst-Optimierungsprozess. Es geht dabei nicht darum, die vierundzwanzigste Ecke an dir glatt zu polieren und weitere Masken zu erlernen, damit du besser performst. Selbstliebe ist ein innerer Status, eine Widerstandslosigkeit sich selbst gegenüber. Die Annahme all deiner Sonnen- und Schattenseiten. Das Loslassen des Gedankens »ich muss« und von Perfektionismus.

Du hast von mir das gesamte Werkzeug für die Lösung und Überwindung all deiner äußeren Angstthemen und Widerstände bekommen. Mehr brauchst du nicht. Du hast alles in der Hand, was dafür nötig ist. Unser Fokus lag bisher auf der Konfrontation, Überwindung, Bekämpfung und dem Durchdringen all dessen, wovor du Angst hast. Du widersetzt dich dem, was deine Ängste und Selbstzweifel von dir verlangen und wovon sie dich abzuhalten versuchen – du machst es trotzdem. Damit kommst du zu wahrem Selbstvertrauen und wächst über dich hinaus. Du überwindest Herausforderungen, sorgst für dich und für die Einhaltung deiner Werte, setzt gesunde Grenzen und sagt zu allem Nein, was nicht (mehr) in dein Leben gehört. All das sind unumgängliche und fundamentale Schritte des gesamten

Prozesses der Rückeroberung deiner wahren Kraft und Größe. So weit, so klar.

Aber wie gehst du mit all deinen **inneren Themen** um? Wie behandelst du **deine Gefühle**, die aus deinen Ängsten hervorgehen? Welche Gefühle gehören überhaupt zu der Kategorie »Angst« und wie kannst du sie erkennen?

Genau das wird auf den nächsten Seiten das Thema sein.

Wir sind bei der anderen Hälfte des ganzheitlichen Yin-Yang Prinzips angekommen – nämlich der **INNEREN ARBEIT und TRANSFORMATION, DEM SCHLÜSSEL ZUR BEDINGUNGSLOSEN SELBSTLIEBE.**

Wir widmen uns der extrem vernachlässigten inneren Arbeit. In dieser inneren Arbeit geht es um den gesunden Umgang mit deinen Gefühlen, die der Angst entsprießen.

Womöglich fragst du dich gerade, was denn das Thema der bedingungslosen Liebe mit Gefühlen oder Angst zu tun hat ...

Oh, sehr viel!

Lass dich von mir führen und du wirst wissen, was ich meine.

Los geht's!

Die Gefühle sind unser stärkster Motor und unser mächtigstes Instrument, das größte Kommunikationsmittel im Universum (Gesetz der Schwingung, Ursache und Wirkung – aber dazu später mehr). Selbstliebe oder Selbstablehnung sind Gefühle. Die Art und Weise, wie wir durch den Alltag gehen und mit anderen Menschen interagieren, ist ein Ausdruck unseres eigenen Gefühls für uns selbst. Ein Resultat von GEFÜHLTER Selbstliebe oder GEFÜHLTER Selbstablehnung.

Bei der inneren Arbeit benötigst du mindestens genauso viel Mut und stellst dich gleichermaßen deinen Ängsten. Der Unterschied liegt aber in der Art und Weise der Konfrontation. Innere Liebesarbeit bedeutet Weichheit, Akzeptanz und Widerstandslosigkeit. Kein etwas-gegen-etwas-Machen. Es ist das absolute Gegenteil von und die entgegengesetzte Strategie zu allem, was wir bisher durchgegangen sind.

Das habe ich eine lange Zeit meines Lebens nicht verstanden und so maximales Leid erzeugt. Weil ich ein Kämpfer war, kannte ich nur die äußere Problemlösung, Herangehensweise und Angstüberwindung. Wenn es ein Problem gab, löste ich es, indem ich etwas DAGEGEN tat. Daher hatte ich mit der Bekämpfung äußerer Herausforderungen weniger meine Schwierigkeiten. Die Arbeit mit meinen Gefühlen hingegen war wahrlich eine meiner größten Herausforderungen.

Mit der einseitigen Strategie, dem Lösen und Überwinden von äußeren Widerständen, bin ich bis zu einem gewissen Punkt meines Lebens vorangekommen. Aber eben nicht mehr weiter. Irgendwann eskalierte alles. Mir war zu dieser Zeit nicht einmal im Ansatz bewusst, dass für die Heilung von Gefühlen eine komplett entgegengesetzte Strategie nötig war.

In meinem Unwissen versuchte ich, meinen inneren Brand mit Benzin und Diesel zu löschen. Und wunderte mich, weshalb das Feuer trotz aller Mühe immer größer wurde. Bis das »Haus« schließlich komplett abgebrannt war und in Schutt und Asche lag. Ich war am NULLPUNKT meines Lebens angelangt und lag am Boden. Denn wer das Weiche in sich nicht annimmt und versucht, es mit Gewalt zu bekämpfen, den streckt das Leben früher oder später gewaltig nieder. Das sieht man am allerhäufigsten bei Männern.

Die meisten Männer haben bereits als Buben gelernt, immer nur hart zu sein, keine Gefühle und Schmerzen zu zeigen. Alles zu unterdrücken. So etwas kann nicht gut gehen. Nur mit der einen Seite der Medaille funktionierst du eben nur zu fünfzig Prozent. Du fährst mit einem Auto auf zwei Reifen durch dein Leben. Klar, dass das Auto früher oder später den Geist aufgibt. Damit verschließt und verrätst du nämlich dein Herz. Darum auch die hohen Herzinfarktraten bei Männern. Die Lösung liegt aber eben nicht darin, nur auf den beiden anderen Autoreifen zu fahren. Auch da zwingt dich das Leben früher oder später auf die Guillotine.

Jetzt geht es um das Akzeptieren und Lieben deiner Ängste, was nichts anderes bedeutet als das Akzeptieren und **Lieben deiner Gefühle**.

Positive Gefühle, die nicht aus der Angst, sondern der Liebe entspringen (z. B. Freude), als Teil von uns anzuerkennen und uns bewusst darauf einzulassen, dürfte ein Talent von uns Menschen sein. Da haben wir keine Hemmungen.

Mir ist noch keine Person begegnet, die mir mitteilte, dass sie sich über ihre Glücksgefühle ärgert und nach einer Lösung sucht, sie schnell wieder loszuwerden. Diese für uns positiven Teile der gesamten Gefühlspalette, die wir erfahren dürfen, lehnen wir keinesfalls ab. Ganz im Gegenteil: Wir trachten danach. Unser Dilemma liegt in dem anderen, dem »negativen« Teil des Gefühlsrepertoires, der aber genauso zu uns gehört.

Wie identifiziere ich überhaupt meine Angstgefühle?

Grundsätzlich gilt: Jedes als negativ empfundene Gefühl ist ein Resultat der Angst. Alle Gefühle sowie Zustände, die sich eng und schmerzhaft anfühlen, sind Gefühle bzw. Gesichter der Angst. Alles was sich weit, offen, mit Leichtigkeit und Freude verbunden anfühlt, sind Gesichter und Ausdrucksformen der Liebe.

Angst ist weitaus mehr als nur Angst vor Spinnen oder Angst zu versagen.

Die Gesichter der Angst zeigen sich oft in anderen Unterkategorien von Gefühlen und Zuständen. Denn es gibt die oberflächliche Angst, darunter verstecken sich aber fast immer eine oder mehrere andere Ängste.

Ich gebe dir ein reales Beispiel: *Eine Dame mittleren Alters wollte mit ihrer eigenen Businessidee und Website öffentlich sichtbar werden. Sie kam zu mir ins Coaching und zweifelte, ob sie das wagen sollte oder nicht. Sie sagte mir, sie habe Angst vor dem Versagen, was ja auch stimmte. Nur war das die oberflächliche Angst.*

Ich fragte sie, was ihr wirklich am meisten Angst mache, wenn sie sich das Versagen innerlich vorstelle. Nach einigen Minuten des Grübelns kam die Erkenntnis. Sie teile mir mit, dass ihr die Vorstellung Angst mache, dass andere sie und ihre Idee durch die Sichtbarkeit ihrer Website bewerten, belächeln oder verurteilen würden. Ha! Schon hatten wir die tiefere Angst herausgefunden – es war die Angst vor Ablehnung. Sie hatte Angst, Ablehnung und Kritik für ihre leidenschaftliche Idee zu erhalten.

Und hinter der Angst vor Ablehnung wiederum lag die Grundangst aller Ängste. In dem konkreten Fall: Wenn die Businessidee - und somit die Dame selbst - ausgelacht, verurteilt, kritisiert werden würde, müsste sie sich erneut wie bei Mama und Papa fühlen, von denen sie als kleines Mädchen für etwas kritisiert wurde. Damit müsste sie, so wie damals, ihre kindliche Wunde FÜHLEN: Scham oder »Ich bin nicht richtig, liebenswert, mit mir stimmt was nicht«. Diese Gedanken liegen natürlich fast immer auf der unbewussten Ebene.

Du siehst anhand dieses realen Beispiels, dass alles nicht so ist, wie es manchmal zu sein scheint.

Da es mir aber in diesem Buch nicht darum geht, dich in die letzten Winkel der Angst und Psychologie zu führen, belassen wir es bei dieser kurzen Erklärung.

Ich gebe dir eine **einfache Auflistung** mit den wichtigsten Ausdrucksformen der Angst (oberflächliche und tiefere Ängste werden hier gemischt). Somit kannst du **schnell und einfach deine Angst identifizieren**. Du fühlst einfach in dich hinein und schaust anhand dieser Auflistung, um welche Art von negativem Gefühl es sich bei dir handelt. Im Anschluss an dieses Kapitel zeige ich dir, wie du damit praktisch im Alltag umgehst.

Hier die Auflistung der meisten Gefühle, die du der ANGST zuordnen kannst:

- **Wut** - Wut ist meist eine sekundäre Folgeemotion von Ohnmacht und unterdrückter Angst.
- **Ohnmacht** - Du fühlst dich ausgeliefert, hilflos, machtlos.
- **Trauer** - Dahinter steckt meist die Angst, etwas oder jemanden unwiderruflich verloren zu haben.
- **Minderwertigkeit** - Angst, zu wenig wert zu sein, nicht zu genügen
- **Versagensangst** - Angst zu versagen bzw. zu scheitern
- **Angst vor Ablehnung** - Du fürchtest dich davor, abgelehnt bzw. nicht gemocht zu werden.
- **Verlustangst** - Du befürchtest, etwas oder jemanden zu verlieren – z. B. Status, Geld, Anerkennung, Partner*in.
- **Abschiedsangst/Abschiedsschmerz** - Abschiedsschmerzen sind ganz normal und wichtig, damit etwas Neues kommen und entstehen kann.
- **Liebeskummer** - Dahinter steckt viel alte, kindliche,

unverarbeitete Trauer in Kombination mit diversen Ängsten.

- **Eifersucht** - Dahinter liegen meist mehrere Ängste, z. B. Minderwert + Verlustangst + Ohnmacht usw.
- Alles, was sich **eng und schmerzhaft** anfühlt, du aber nicht definieren kannst.

All diese Beispiele sind ein Ausdruck von Angst. Sie werden aus der Angst heraus geboren. Jetzt erkennst du, dass Angst weitaus mehr Formen zeigt als z. B. das Zittern vor dem Tandemsprung oder die Angst vor dem Jobverlust.

Wo liegt das Problem der meisten Menschen im Umgang mit ihren Gefühlen und der Angst?

Negative Gefühlszustände versuchen wir so schnell wie möglich loszuwerden. Ohnmacht zB. ist ein kindliches Angstgefühl.

Viele möchten dieses Gefühl vermeiden, sich davon ablenken, und entwickeln dafür diverse Vermeidungsstrategien: Sex(-sucht), Schokolade, Youtube, eine Party, Arbeitssucht, Lethargie, eine abhängige Partnerschaft oder was auch immer. All das sind kindliche, erlernte Vermeidungsstrategien, um eben nicht fühlen zu müssen. Erinnere dich: Der Verstand (unser Ego) versucht, zu kontrollieren und uns vor diesen Gefühlen zu »beschützen«. Wie einst, als wir noch kleine Wesen waren. Er will die Gefühle meiden und stattdessen die inneren Lücken kurzzeitig mit etwas anderem, Externen zu stopfen.

Mit solchen Verhaltensmaßnahmen stellen wir aber genau das Gegenteil davon sicher.

Die Ängste, schmerzvollen Gefühle und Süchte werden immer stärker und stärker.

Der Verstand weiß nicht, dass der einzige Weg, diese Gefühle loszulassen, darin besteht, sie bejahend und ohne Widerstand anzuschauen und zu fühlen. Nicht umsonst kommt darin das Wort »Fühle« vor. Wenn dem nicht so wäre, müsste das Wort »Verdränge« darin enthalten sein.

Die von uns als negativ bewerteten Gefühle, die aus der Angst kommen, sind unsere Schattenanteile. Teile von uns, die wir für nicht liebenswert erachten.

Doch sie gehören genauso zu uns wie unsere Sonnenanteile.

Wir selbst definieren sie bloß als etwas Schlechtes. Eine typisch menschliche Eigenschaft.

Damit missfällt uns aber die Tatsache, dass wir uns selbst be- und verurteilen. Wir lehnen eigene Aspekte ab, fühlen uns miserabel und wundern uns, weshalb wir keine echte, tiefe und bedingungslose Liebe zu uns selbst empfinden.

Stelle dir vor, du hast ein Kind und es bringt eine gute Schulnote nach Hause. Du bejubelst es, feierst es und ihr geht zur Belohnung essen.

Zwei Wochen später kommt es mit einer schlechten Note zu dir. Daraufhin sagst du ihm: »So, pack deine sieben Sachen, ich gebe dich jetzt zur Adoption frei.«

So ein Verhalten hat nichts mit bedingungsfreier Liebe zu tun. Das ist für die meisten auch klar und logisch.

Trotzdem machen wir meist genau das mit uns und unserem inneren Kind.

Gefühle, die wir unseren Sonnenseiten zuschreiben, zelebrieren wir bis zum emotionalen Rausch. Die Freude nach einem gelungenen Bewerbungsgespräch hängen wir uns liebend gern auf die Schultern. Die Freude an unseren tollen Begabungen fühlen, feiern und verkünden wir lautstark. Doch enge Gefühle wie Trauer oder Minderwert versuchen wir best- und schnellstmöglich von uns abzustoßen und ihnen aus dem Weg zu gehen.

Dieses Kapitel lässt sich auch als Prozess der Schattenreintegration definieren. Es geht darum, alle Schattenanteile wieder zu integrieren und annehmen zu lernen, um damit vollkommen zu werden. Nicht perfekt – sondern vollkommen und ganz.

Es geht um eine gesamtheitliche Begegnung voller Weichheit und Toleranz mit sich selbst. Auch mit jenen eigenen Gefühlen, die man eigentlich nicht haben möchte. Denn all deine Gefühle sind deine Kinder, deine Gefühlsbabys. Sie gehören alle zu dir. Und du hast sogar ein Recht auf deine Gefühle. Sie sind dein Eigentum und helfen dir, zu erkennen, wie du gerade eine Situation betrachtest, bewertest und demnach empfindest. Sie geben dir Feedback über deine Sicht auf das Leben. Es sind DEINE Gefühle und nicht meine oder seine oder die des Nachbarn. Zu dir gehört nicht nur die Freude, sondern auch die Trauer.

Verstehe bitte, dass in der Welt der Polarität die Anteile dessen, was du nicht bist (Angst, Leid, Trauer ...), notwendig sind, um das zu erfahren, was du in Wirklichkeit bist und erfahren möchtest (Liebe, Freude ...).

Wenn du erfahren willst, wie schnell du bist, musst du erfahren, was langsam ist.

Um jenseits des Wissens zu erfahren, was Liebe ist, benötigst du allererst die Erfahrung ihres Gegenteils.

Demnach sind wir vollkommene Wesen und alles ist bereits in uns. Wir sind sowohl pure Weisheit als auch Unwissen. Wir sind offen und kleinkariert zugleich. Wir sind ehrlich und haben auch gelogen. Wir sind sowohl großzügig als auch neidisch. Das Ganze könnten wir so ewig weiterspielen. Wir sind alles. Wir **sind** einfach. Vollkommen, so, wie die Nacht nicht weniger wert ist als der Tag. Ohne die Nacht wäre ein toller Sonnenaufgang nichts wert. Wir könnten ihn nicht empfinden, verstehen und genießen. Uns würde die polare Gegenseite als Vergleichsbasis fehlen. Aus diesem Grund möchte ich dich herzlich einladen, deine Betrachtung von »negativen« Gefühlen zu verändern. Sie nicht als unnützes Zeugs und Abfall der Schöpfung oder auch Evolution zu sehen.

Unser Verstand, das Ego, muss aber alles be- und verurteilen, sowohl bei anderen als auch bei uns. Der Verstand trennt uns von der Vollkommenheit, von der Liebe, der wir alle ein Leben lang hinterherlaufen.

Denn ein Urteil ist Trennung. Es trennt in Teile. Aber Liebe ist Verbundenheit. Sobald du ein Gefühl kritisierst, es in richtig oder falsch, gut oder böse einstufst, **verurteilst du dich selbst**. **Damit verbietest du dir, dich selbst zu lieben.** Denn – ich kann es nicht oft genug erwähnen – es ist ja **DEIN** Gefühl. In deinem inneren Kind, dem Unterbewusstsein, sind alle (alten) Gefühle gespeichert.

Dein inneres Kind möchte von dir akzeptiert, angenommen und geliebt werden.

Nicht nur, wenn es brav, lustig, fleißig und erfolgreich ist. Es möchte sich bedingungslos geliebt fühlen. Auch wenn es dick, faul, wütend, ängstlich oder traurig ist.

Bis es sich vollkommen geliebt fühlt, wird es immer auf sich aufmerksam machen. Seine Stimme wird immer lauter. Je mehr du es ignorierst und vermeidest, desto lauter wird es schreien. Wenn es sich hingegen gehört, angenommen, geliebt, gehalten fühlt, muss es nicht mehr schreien.

Beispiel 1: Wenn ein Kind Angst hat, traurig ist oder sich verletzt fühlt, braucht es dich als Erwachsenen. Es möchte einfach nur getröstet werden und deine Liebe spüren.

Nehmen wir an, dein echtes Kind hat Angst und zittert oder ist traurig. Dich nervt es aber gewaltig, dass es Angst hat und traurig ist. Also schreist du es an und ermahnst es, sich gefälligst zusammenreißen und sich nicht wie ein Weichei zu benehmen. Schließlich willst du kein weinendes, trauriges oder sich fürchtendes Kind. Du sagst deinem Kind, es solle sich nur an dich wenden, wenn es gut drauf und lustig ist.

Anschließend gehst du weg und lässt es alleine in der Wohnung zurück, um mit dieser schweren Situation zurechtzukommen.

Du ahnst es, oder?

Das Kind würde sich verlassen, alleine und hilflos der großen Welt ausgeliefert fühlen. Mama oder Papa haben es im Stich gelassen, es verraten und lieben es sonach nicht. Folglich wird es lauter und lauter schreien, zürnen und weinen, um auf sich aufmerksam zu machen und verzweifelt bei anderen Personen nach Hilfe suchen.

Das ist ein Paradebeispiel dafür, wenn man versucht, seine Angst bzw. Gefühle (welche auch immer) wegzudrücken. Die Gefühle werden lauter und lauter. Man versucht, sich davon abzulenken, geht in die Disco, stürzt sich in Abhängigkeiten (Rauchen, abhängige Beziehung etc.). So baut man eine Ablehnung sich selbst gegenüber auf und fühlt sich dementsprechend – nicht liebenswert, nichts wert, Depressionen können die Folge sein oder der Mensch ist mies gelaunt. Mit diesem inneren Mangel zieht er noch mehr Mangel in sein Leben. Eine Abwärtsspirale vom Feinsten.

Beispiel 2: Spielen wir nun eine andere Reaktion auf denselben Hilferuf deines Kindes durch.

Jetzt nimmst du dir Zeit und wendest dich deinem Kind zu. Du versuchst nicht, seine Ängste wegzureden, sie zu zerreden, zu analysieren oder das Kind zu pushen. Es weint und zittert und du nimmst es einfach in den Arm.

Du sagst: »Ich bin für dich da. Es ist okay, wenn du Angst hast und weinst. Aber ich werde nie zulassen, dass dir etwas zustößt. Ich bin immer für dich da. Alles wird gut, mein Schatz! Wollen wir vielleicht kuscheln oder gemeinsam etwas spielen?«

Bei dieser Art, mit deinem Kind umzugehen, wirst du feststellen, wie sich das Drama binnen kürzester Zeit in Luft auflöst. Das Kind beruhigt und entspannt sich. Es fühlt sich geliebt, ohne dafür Bedingungen erfüllen zu müssen. Es darf sein, wie es ist. Es darf Angst haben, traurig sein, wütend sein usw. Aber zugleich weiß es auch, dass alles gut wird. Sonach muss es nicht mehr immer weinen, schreien und auf sich aufmerksam machen.

Genau so gehst du im Alltag gut mit deinen negativen Gefühlen um. Du bleibst darin stehen, hältst sie aus, hältst sie ohne Widerstand – und siehe da, das Gefühl lässt nach und nach.

Denke also zweimal nach, wie du reagierst, wenn dein inneres Kind das nächste Mal deine Hilfe und Umarmung benötigt. **Denn die Art und Weise, wie du mit dir und deinen Angstgefühlen umzugehen hast, um sie aufzulösen und in echte Selbstliebe zu verwandeln, entspricht eins zu eins dem Umgang mit einem echten Kind.**

Der weitere Aspekt, wie du dein inneres Kind bedingungslos annimmst, beinhaltet **das Anfreunden mit allen Aspekten bzw. Eigenschaften deiner selbst**, die du nicht magst.

Sei es etwas an deiner Figur, ein bestimmtes Körperteil, eine Charaktereigenschaft oder ein Versagen. Denke wieder an ein echtes Kind, und auf dieselbe Weise machst du das mit deinem inneren Kind.

Niemand ist und wird dir jemals näher sein als du selbst in deiner kleinen Version, als dein inneres Kind. Niemand wird deinem inneren Kind jemals näher sein als deine erwachsene Version deiner selbst. Alle anderen Menschen sind bloß deine Wegbegleiter. Du bist deine größte Sicherheit, die du im Außen vergeblich suchst. Du bist konstant. Du warst vom ersten Tag deiner Geburt mit dir und wirst bis zum letzten Atemzug deines physischen Lebens mit dir sein. Du kannst Jobs, Menschen, Zustände im Leben verlieren, aber du verlierst niemals dich selbst.

Wer ist nun die wichtigste Person deines Lebens? Mit wem möchtest du dich am meisten und liebevollsten beschäftigen?
Die Antwort sollte nach all diesen Worten und Zeilen ganz klar auf der Hand liegen.

Konkrete Umsetzung – Übungen und Maßnahmen:

Variante 1 (vereinfachte Version für Menschen, die schwer visualisieren können)

Jedes Mal, wenn du ein Gefühl von Angst oder eine ihrer Ausdrucksformen verspürst, zieh dich für ein paar Minuten ungestört zurück. Dabei ist es irrelevant, ob dieses Gefühl einfach so, scheinbar ohne Grund auftaucht oder während einer Herausforderung im Außen. Der Umgang mit diesem Gefühl ist vom Prinzip her immer gleich, unabhängig von der Ursache.

Wende dich in Stille und Ruhe deinen Gefühlen zu. Spüre einfach nur, wo du etwas in deinem Körper fühlst. Greife mit der Hand dorthin und gib deinem Gefühl Raum.

Sage laut: »Ich liebe dich, meine kleine Angst, Wut, Trauer, Ohnmacht ... Ja, ich liebe dich wirklich, du darfst sein. Ich möchte dich fühlen, denn du bist ein Teil von mir. Du bist mein Gefühlsbaby. Ich habe ein Recht auf dich und behüte dich, meine liebe kleine Angst, Wut ...«

Wichtig dabei ist, nicht mit dem Hintergedanken zu fühlen, dass du das Gefühl damit schneller loswirst. Das funktioniert nicht. Denn dein Unterbewusstsein, dein inneres Kind, kannst du nicht austricksen. Ein Kind hat eine starke Intuition und spürt sofort, ob du es wirklich aus Liebe umarmst und tröstest oder weil du damit etwas erreichen möchtest. Das wäre Manipulation, eine Strategie, und somit keine echte Liebe.

<u>Variante 2 (Effektivere Version um zu visualisieren)</u>

Auch hier ziehst du dich für ein paar Minuten ungestört zurück, sobald du ein Gefühl von Angst oder eine ihrer Ausdrucksformen verspürst. Habe ein geistiges Bild von dir als Kind. Nimm das erste Bild, dass dir in den Sinn kommt. Falls du dir schwertust, schaue dir ein Kinderalbum von dir an, um dich zu erinnern.

Wenn du beispielsweise Trauer verspürst, stellst du dir nun bildlich dein inneres und trauriges Kind vor: Wie es vor dir steht oder zu dir kommt oder wie auch immer. So wie ein echtes Kind. Je besser und konkreter deine Visualisierung, umso stärker die Wirkung. Ich stelle mir bei Trauer mein inneres Kind so vor: traurig, mit verrotzter Nase und Tränen in den Augen. Mein inneres Kind bin ich im Alter von ungefähr fünf bis sechs Jahren. Ich ziehe mich zurück, mache die Augen zu und stelle mir mein kleines weinendes Ich vor. Es steht vor mir oder läuft gerade weinend zu mir. Ich gehe in die Hocke, wie ich es auch bei einem realen Kind täte, um auf Augenhöhe zu sein. Jetzt spreche und interagiere ich mit meinem Kind. Wenn es Angst hat, stelle ich es mir zitternd vor. Wenn es eine konkrete Angst hat, stelle ich mir vor, wie es mir das ängstlich oder weinend mitteilt. Denke als Eselsbrücke einfach, wie es mit einem echten Kind wäre.

Du kannst es gerne auch anders visualisieren – suche deinen eigenen Weg.

Jetzt sprichst du zu deinem kleinen Wesen und sagst ihm Folgendes:

»Ich liebe dich. Du darfst jetzt Angst oder Ohnmacht haben oder traurig sein ... Das darf alles sein. Ich laufe nicht mehr weg und werde alles für dich fühlen. Aber dir kann nichts passieren, denn ich passe gut auf dich auf!«

Verwende sinngemäß natürlich deine eigenen Worte, mit denen dein Herz gut in Resonanz geht.

Und dann fühlst du für einige Minuten. Ich umarme mein Kind dann immer, tröste und halte es. Du kannst kreativ sein, wie du vorgehst. Wichtig ist einfach das liebevolle Halten, für dein Kind da zu sein und ihm die Erlaubnis zu geben, zu sein, zu zürnen, zu weinen, was auch immer es gerade machen möchte.

Wenn du diese Vorgehensweisen beständig durchführst und als fixen Bestandteil in dein Leben integrierst, passiert sehr viel:

1. Du wendest dich deinem Gefühl zu, ganz gleich, ob du die Variante 1 oder 2 wählst. Du vermittelst damit deinem Unterbewusstsein die Botschaft von Aufmerksamkeit, Zuwendung und Liebe. Du bist für dich da, lässt dich nicht im Stich, wenn du dich am nötigsten hast. Du lernst deine eigene Macht kennen und übernimmst deinen Job, den du zuvor an andere Personen ausgelagert hattest. Du wirst zu deinem eigenen machtvollen Retter und zur Antwort auf all deine Fragen. Dieser Schritt ist die Annahme deiner Gefühle.

2. Weiter fühlst du deine schmerzhaften Gefühle aus der richtigen Perspektive. In der richtigen Identität. Du hast deine Angst, aber du bist sie NICHT. Denn du sprichst zu deinen Gefühlen.

Ein wesentlicher Schritt liegt darin, sich nicht mit seinen Gefühlen zu identifizieren. Nur ist das leicht gesagt. Wie soll ich mich nicht für mein Gefühl halten? Wie kann ich nicht glauben, dass ich das Gefühl bin? Ganz einfach. Dein Kind repräsentiert in dem Fall dein Gefühl. Wenn du zu deinem Kind sprichst, kannst du ja nicht gleichzeitig dein Kind und somit dein Gefühl sein. Es ist unmöglich, der- oder diejenige zu sein, mit dem oder der du in den Dialog trittst. Ist doch eine geile Sache – oder?

3. Noch etwas Tolles geschieht. Indem du deine Gefühle als deine Kinder und Babys betrachtest, wird es dir schwerfallen, sie zu hassen oder abzulehnen. Nur wenige Menschen sind in der Lage, Kinder und Babys zu hassen. Es geht ja im Kern darum, deine Gefühle anzunehmen und zu lieben. Aber wenn du jemandem sagst, er solle sich und seine Gefühle lieben, bleibt es nur bei einem theoretischen Wissen. Stellst du dir hingegen dein inneres kleines, bedürftiges Kind als Repräsentanten dieses Gefühls vor, ist es weitaus leichter, widerstandloser und durchlässiger zu werden. Wenige wissen, wie sie diese Theorie in die Praxis umsetzen. Doch die Arbeit mit dem inneren Kind ist eines der wirkungsvollsten Werkzeuge, um weicher und liebevoller zu sich selbst zu werden.

Dies ist ein komplett neuer Umgang mit der Angst und deren Gefühlen. Und bis das zu einer neuen Gewohnheit wird, bedarf es Disziplin und Geduld. Es wird sich anfangs wie ein Fake anfühlen.

Egal! Bleibe dabei und schon bald wirst du feststellen, was sich alles in deinem Leben verändert.

Damit übst du auch öfter, achtsamer und bewusster zu werden. Immer häufiger wirst du dich bei alten Gewohnheiten ertappen.

Die Zeitspanne, in der du bewusst bist, wird immer größer. Bis du irgendwann den Großteil deiner Zeit in Bewusstheit bleibst.

Bitte ärgere dich nicht, wenn du anfangs immer wieder in alte Rollen und Gewohnheiten zurückgeworfen wirst. Habe Erbarmen und Geduld mit dir und sei dir dein bester Kumpel, dein größter Fan, dein größtes Vorbild.

9

DIE STÄRKSTE MEDITATION, DIE MIR JE BEGEGNET IST

Das ist die stärkste Meditations-Übung, die mir je begegnet ist: Die Meditation zum inneren Kind.

Wenn du sie diszipliniert und erwartungslos durchziehst, erlebst du Wunder. Wirklich! Damit zapfst du direkt dein Unterbewusstsein an. Diese Meditationsübung wirkt fast schon magisch. Denn durch sie fühlt sich dein inneres Kind wieder von dir als erwachsene Instanz beschützt und behütet. Damit lösen sich deine Ängste allmählich auf und du baust tiefe Liebe zu dir auf.

Relativ bald wirst du feststellen, dass du im Alltag deutlich mutiger wirst. Dein Urvertrauen wird verfestigt und du bekommst intensiveren Zugriff auf deine Intuition. Das Gefühl für innere Zuversicht steigt enorm an und fördert deine Bereitschaft, in Ängste zu springen. Mit diesem Tool verstärkst du das »magische Dreieck« der Angstüberwindung.

Dein inneres Kind wird jeden Trost, Halt und Zuspruch von nun an bei dir als Erwachsenen finden und damit aufhören, wie ein süchtiger Bettler bei anderen Erwachsenen um Zuspruch, Anerkennung und Liebe zu flehen. Denke daran: Erst wenn deine eigene Beziehung zu dir wiederhergestellt ist, bist du unabhängig und in der Lage, eine echte Liebesbeziehung zu einem anderen Menschen zu leben.

Das Zugehen auf Menschen wird dir weitaus leichter fallen, denn dein Kind fühlt sich sicher und geliebt und hat somit keine Angst mehr vor der Ablehnung durch andere. Es wird sich trauen, sich als dein wahres Wesen durch dich zu zeigen. Ohne Schutzmauern, Masken, Strategien und Ego-Spielchen.

Kurz formuliert: Du wirst immer authentischer und unabhängiger. Das Ablösen von Abhängigkeiten und Lebenslügen jeglicher Art wird dir weitaus leichter fallen.

Ich war mitten in einer schweren Krise und kämpfte mit meinem Verstand (ein Kampf zwischen Herz und Verstand), die Entscheidung zu treffen, meine zerrüttete Beziehung zu beenden. So viele Zweifel und Ängste trübten meinen Blick und verwischten jegliche innere Klarheit. In dieser Zeit arbeitete ich ganz intensiv mit dieser Meditation. Bereits nach zehn Tagen des Praktizierens begann meine abgerissene Beziehung zu mir selbst zu heilen und ich hatte so viel innere Kraft, Mut und Klarheit. Entschlossen konnte ich eine Entscheidung treffen und ging meinen Weg. So ging es mir auch in Berufungssituationen und eigentlich bei allem im Leben.

Ich weiß ehrlich gesagt nicht, ob ich ohne die Kraft dieser Meditation so einiges in meinem Leben gewagt und bewältigt hätte. Und wenn doch, dann wäre ich nicht mit solchen Quantensprüngen vorangekommen.

Hierzu könnte ich dir mindestens zehn Buchseiten an realen Erfolgen von Seminarteilnehmern sowie Klienten auflisten, die konsequent und diszipliniert diese Meditation in ihr Leben integriert haben.

Aber probier's doch selber aus, lass dich ehrlich und mutig darauf ein, mache es diszipliniert und mit Hingabe – **und beurteile selbst!**

Die Übung – Meditation zum inneren Kind

Suche dir einen ungestörten und gemütlichen, fixen Platz in deinem Zuhause. Gehe **regelmäßig einmal pro Tag** für ca. **15 bis 25 Minuten** in diese Meditation. Anfangs kannst du dir einen Wecker stellen, bis du ein Gefühl für die Zeit bekommst.

Führe die Meditation mindestens 30 Tage **OHNE UNTERBRECHUNG** durch. Noch besser: für immer. Als neue Gewohnheit, wie das Zähneputzen. So wie du körperliche Hygiene-Routinen hast, so solltest du auch Psychohygiene betreiben.

In dieser Meditation geht es darum, dir jeden Tag selbst als kleines Kind zu begegnen. Wähle dafür ein inneres Bild von dir als Kind im Alter von vier bis maximal neun Jahren. Benutze auch hier (wie im vorherigen Kapitel besprochen), jenes innere Bild bzw. Alter, das dir als erstes in den Kopf schießt.

Jetzt benötigst du einen Platz, an dem du in der Imagination dein inneres Kind triffst. Wähle dafür einen schönen Ort aus - das kann alles sein, ein Schloss, ein Haus, eine Wiese … Diesen Ort betrittst du jeden Tag in der Visualisierung und begegnest dort der kleinen Version von dir.

Versuche keinesfalls, eure gemeinsame Zeit zu kontrollieren. Genieße die zwanglose Zeit mit deinem kleinen Selbst. Ohne Erwartungen, Zwänge, Druck und Krampf, vor allem bei eurem ersten Treffen. Tritt einfach ein in den Raum und schaue, was passiert, wo und wie dein Kind steht usw. Kontrolliere nicht mit deinem Verstand, was gerade zu passieren hat. Du bist einfach da. Was dein Kind macht oder sagt, schaust du dir widerstandlos an und lässt es auf dich zukommen. Dränge dein Kind nicht! Gehe **erwartungslos** hinein. Plane nichts, lass es fließen und sich so entwickeln, wie es sich zu entwickeln hat.

Betritt nun den Ort und sage deinem Kind Folgendes:

»Es tut mir so leid, dass ich so viele Jahre nicht da war, als du mich gebraucht hast. Ich habe deine Stimme ignoriert. Bitte verzeih mir. Ich liebe dich. Vieles war mir nicht bewusst. Aber jetzt weiß ich es! Und ich verspreche dir, dass ich dich ab jetzt nie wieder verlassen werde.«

Fühl dich dabei aber bitte keinesfalls schuldig und klein. Denk daran, du bist ein Schöpfer. Du hast immer dein Bestes gegeben, das, was dir anhand deines Bewusstseinszustandes möglich war.

»Wir gehen gemeinsam durch dick und dünn. Denn wer könnte mir jemals näher sein als du? Mit wem habe ich bisher alles erlebt? Ich weiß, du glaubst es mir noch nicht, aber du wirst sehen, dass ich es diesmal ernst meine.«

»Ab jetzt bin ich für dich da und du musst nicht mehr alleine alle Schmerzen fühlen und ertragen. Bei mir bist du ab jetzt sicher, geliebt und beschützt. Und dafür musst du nichts mehr tun und brauchst nicht mehr zu kämpfen. Du brauchst keine meiner Erwartungen mehr zu erfüllen. Du kannst wütend, traurig, depressiv, ängstlich sein, mir etwas vorjammern, beißen oder gegen das Schienbein treten. Das spielt keine Rolle! Denn du kannst meine Liebe nie mehr verlieren. Ich bin für immer dein größter Fan. Ganz gleich was du machst, nicht machst oder anstellst. Ich liebe dich einfach so, wie du bist. Ohne jede Bedingung!«

Und jetzt nimm dein inneres Kind in den Arm und halte es. Du solltest ab jetzt wirklich jeden Tag diese Übung machen, um dein Kind nicht noch mal zu enttäuschen.

Benutze natürlich deine eigenen Worte, um in Resonanz mit deinem Herzen zu gehen.

Sei kreativ!

An anderen Tagen kannst du auch Musik einschalten und mit deinem Kind tanzen oder spielen. Am nächsten Tag fliegt ihr vielleicht zum Mond, macht eine Schminksession oder spielt Fußball.

Egal was es ist, sei kreativ und einfach wieder für dein kleines Wesen da. Verbringt einfach gemeinsame Zeit. Dann erstrahlt dein Kind, weil du ihm wieder deine Aufmerksamkeit schenkst.

Es ist nicht notwendig, zwanghaft jedes Mal krampfhaft die gleichen Worte wie am Fließband runterzurattern. Lass es einfach fließen, schalte den Kopf ab und schaue, was dein Kind macht und sagt. In meiner Meditation wohnte mein kleiner Junge in einem Schloss. Anfangs fand ich ihn in einem schrecklichen Raum im Keller des Schlosses vor. Ein Raum ohne Tageslicht und mit nur einem Holzbett. Nach ein paar Tagen habe ich ihn den Raum übersiedelt, der für ihn bestimmt war – in den THRONSAAL des Schlosses.

Wenn du dich auf dein Kind einlässt, wird es sich dir irgendwann öffnen und dir womöglich wertvolle Botschaften mitteilen. Bei mir hat es einige Wochen gedauert, bis wir wieder eine vertrauensvolle Beziehung zueinander aufgebaut hatten. Bei den ersten Begegnungen schaute mich mein inneres Geschöpf mit herunterhängendem Schultern und todtraurigem, misstrauischem Blick an.

Manchmal hat es mir tagelang den Rücken gekehrt und nicht mit mir gesprochen.

Aber ich war einfach da. Ohne zu drängen. Ohne etwas dafür zu verlangen. Und es hat sich die schönste Liebesbeziehung meines Lebens daraus entwickelt.

Anfangs fühlt sich alles gespielt, wie ein Fake, bis du dich daran gewöhnst. Bleibe dran. **Achtung:** Lass die ersten 30 Tage wirklich keinen einzigen Tag aus. Danach ist es nicht mehr so fatal. Aber eben bitte nicht in den ersten 30 Tagen. Arrangiere das, damit es wirklich klappt.

Wichtig ist auch: Gehe nicht mit der Absicht in diese Übung, nach 30 Tagen dein Ziel erreicht zu haben. Du weißt ja inzwischen, dass eine solche Manipulation deinem Unterbewusstsein nicht entgeht.

Ich habe durch diese Übung eine sehr starke Verbindung zu meiner Intuition bekommen. Damit kann ich binnen Sekunden Wahrheit von Unwahrheit unterscheiden. Mein inneres Kind teilt mir durch explosionsartige Empfindungen von Weite und Freude oder Unstimmigkeit und Schmerz blitzschnell mit, ob etwas für mich passt oder nicht. Damit erkenne ich sofort, ob etwas für mich richtig ist oder ich mich von dieser Person, dem Beruf, dem Umstand, der Idee lösen muss.

Die ersten Begegnungen mit deinem inneren Kind sind meist mit Tränen verbunden, weil du dich ja schon vor vielen Jahren verlassen hast. Wundere dich nicht, wenn dein Kind anfangs nicht mit dir spricht oder dir den Rücken kehrt. Du musst jetzt erst mal Vertrauen und eine Beziehung zu deinem Kind aufbauen. Sei einfach immer und verlässlich da. Es lohnt sich – glaube mir.

Ich wünsche dir viel Freude, Tiefe, Geduld und vor allem Erwartungslosigkeit!

10

WAS ERLAUBST DU DIR ZU GLAUBEN?

Echtes Leben funktioniert nur in eine einzige Richtung: von innen nach außen. Deine äußere physische Realität ist lediglich das Resultat und ein Spiegel deines Inneren, die entsprechende Antwort auf deine inneren Glaubenssätze über dich und die Welt. Denn du ziehst genau das in dein Leben, was du bereits in Form von Gefühlen und Überzeugungen in dir trägst.
Anstatt nach innen zu schauen, konzentrieren wir uns auf das Drama und erkennen so nicht, um was es hinter dem Schauspiel auf der Bühne tatsächlich geht. Auf diese Weise sind wir auch nicht in der Lage, etwas bewusst zu verändern.

Mein Bewusstsein war vor vielen Jahren ziemlich verengt. Ich konnte damals nicht verstehen, wie es sein kann, dass ich moralisch so korrekt lebte, aber dennoch litt und keine Erfüllung fühlte. Andere Menschen hingegen bauten einen Mist nach dem anderen und lebten in Fülle und Glück. Heute habe ich die einzig korrekte Antwort darauf. Ich bringe es salopp auf den Punkt:

Wenn jemand ein »Arschloch« ist, aber glaubt, das Leben sei geil, dann wird er ein geiles Leben leben. So einfach ist das. So funktioniert das Universum. Punkt.

Das Universum ist urteilsfrei. Es gibt kein urteilendes Universum, das nach menschlich moralischen Kriterien (ver-)urteilt und dann Sanktionen setzt oder belohnt. Viele Menschen glauben diesen Schwachsinn aber immer noch und können somit die fehlende Gerechtigkeit nicht verstehen. Sie halten sich klein, erfüllen gesellschaftliche Moralvorstellungen, mit der verborgenen Hoffnung, dafür vom Leben belohnt zu werden. Sie verstehen nicht, dass es dem Universum komplett egal ist, was sie tun. Es geht darum, was du dabei glaubst und fühlst, wenn du es tust. Deine Botschaften und Bestellungen an das Universum und das Leben übermittelst du nicht durch Taten oder Worte.

Vor vielen Jahren verging kein einziger Tag, an dem ich nicht außer Haus ging und in irgendeinen Konflikt verwickelt wurde. Ich kam dann nach Hause und sagte zu meiner Frau: »Schatz, stell dir vor, die Welt wird immer aggressiver. Immer wenn ich rausgehe, passiert mir irgendetwas!«

Sie antwortete: »Hmmm, komisch, wieso passiert mir nie etwas, wenn ich rausgehe? Wieso ist die Welt zu mir nie böse?«

Es war im Außen so, weil das alles bereits in mir war. Ich hatte keinen Frieden in meinem Inneren. Hass, Konflikt und Krieg in der Außenwelt waren lediglich Antworten auf meinen inneren Ruf.

Das Leben ist nur eine Projektion von dem, was du glaubst. Ein riesengroßer Spiegel deines Inneren. Dir geschieht immer nach deinem Glauben. Ich war mir selbst nicht treu und habe erwartet, dass das Leben treu zu mir ist? Seit wann kann denn ein Spiegel jemand anderen zeigen, als den, der hineinschaut?

Mit unserem Innenleben verursachen wir auf metaphysischer Ebene unseren Mangel oder eben die manifestierte Fülle. Das ist keine Esoterik. Das ist pure wissenschaftliche Quantenphysik.

Glaube mir, ich war ein sehr analytischer Mensch und habe mein Leben zur Gänze aus dem Kopf heraus gelebt. Als mir ein Schüler vor einigen Jahren sagte, er bräuchte eine Trainingspause, weil er sich geistig weiterentwickeln wolle, fragte ich mich innerlich, ob ich ihm zuerst links oder rechts eine reinhauen solle. Ich überlegte mir, ob es notwendig sei, sogar noch auf beiden Seiten nachzulegen, damit ich ihn von derartigen Ideen geistig heile. So war zu diesem Zeitpunkt eben mein Bewusstseinszustand. Meine Scheuklappen waren ziemlich groß. Dementsprechend zeigte sich diese begrenzte Sicht auf die Dinge als Abbild in meinem Leben. Leid, Qual, Mangel.

In den Folgejahren begann ich allmählich, die Spielregeln des Lebens zu verstehen, und konnte sehen, wie das Leben wirklich funktioniert.

Du verursachst dein Schicksal selbst auf der Basis deines inneren Glaubens

Für alles, was wir vorhaben und machen, benötigen wir eine entsprechende energetische Grundlage. Diese liegt in unseren Gefühlen, die wiederum aus unserem inneren Glaubenssystem heraus entstehen.

Natürlich solltest du dich für gelebte Liebe entscheiden. Und dieser Weg führt immer durch die Angst hindurch. Das haben wir ja bereits durch und dafür bist du schon bestens gerüstet (bis auf einige ganz konkrete Tipps, die ich dir in den Folgekapiteln noch mitgeben werde). Ohne diese wichtige Entscheidung für die Angstüberwindung ist alles andere sowieso hinfällig. Doch um nicht gegen die Windmühlen des Universums zu kämpfen, gilt es auch, die universellen Gesetzmäßigkeiten - eben jene Spielregeln des Lebens - zu beachten. Ansonsten wirst du dir selbst zum Hindernis.

Unser Glaube ist das Headquarter unseres Lebens. Die Steuerzentrale. Der Glaube ist die gesamte Ansammlung all deiner **fundamentalen Überzeugungen, also deiner Glaubenssätze**.

Alles fällt und steht mit **deinem Glauben** über dich und die Welt.

Wenn du glaubst, das Leben ist ein Krampf und dramatisch, dann wirst du es so erleben.

Wenn du glaubst, nicht mehr als 200.000 Euro verdienen zu dürfen, mehr stehe dir einfach nicht zu, dann wird genau das zu deiner Erfahrung werden. Und wenn du einen Lottogewinn machen solltest, wirst du nicht in der Lage sein, das Geld zu halten. Viele Lottogewinner werden zwei Jahre nach ihrem Gewinn interviewt und sind in der gleichen oder sogar in einer schlechteren Ausgangslage als zuvor. Ihr inneres Mindset macht sie zum armen Menschen, weil sie einen oder mehrere nicht förderliche Glaubenssätze in sich tragen.

Denkst du unterbewusst - also ohne es zu bemerken - Geld sei schmutzig und verderbe den Charakter, wird dein machtvolles Unterbewusstsein immer dafür sorgen, dich vom Geld zu befreien, damit du dir eben deinen Charakter nicht verdirbst.

Auf energetischer Ebene zieht man mit negativen Glaubensätzen und den dadurch ausgelösten Gefühlen entsprechende Ereignisse in sein Leben. Mit Ärger oder Wut kann man nur eine ärgerliche und wütende Zukunft anziehen bzw. verursachen. Mit Sorgen kann man nur eine sorgenreiche Zukunft erschaffen. Man zieht Umstände und Menschen magnetisch in sein Leben, die die eigene gefühlte Ohnmacht, Kleinheit oder was auch immer schmerzhaft widerspiegeln. Natürlich gilt das auch für positive Gefühle. Und genau dort wollen wir ja hin.

Dein unbewusster Glaube

Vor allem der **unbewusste Glaube**, also die Ansammlung deiner unbewussten Glaubenssätze, steuert dein Leben. Aus diesem Grund liegt einer der entscheidendsten Durchbrüche der persönlichen Entwicklung darin, sich diesen Glauben zuerst BEWUSST zu machen, von einem Leben in Unbewusstheit zu Bewusstheit überzugehen. Jetzt verstehst du auch die Wichtigkeit der Arbeit mit dem inneren Kind. Denn damit zapfen wir direkt das Unterbewusstsein an. Bei der Arbeit mit dem inneren Kind geht es nicht ausschließlich darum, dass du dich danach wohler fühlst und demensprechend anders durchs Leben gehst. Vielmehr geht es mir um das, was du auf energetischer Ebene verursachst und in dein Leben ziehst. Denn wenn dein inneres Kind sich ungeliebt fühlt und du damit das Gefühl von Ablehnung und Hass in dir trägst, wirst du im Spiegel der Welt jene Menschen und Umstände anziehen, die dir das Gefühl deiner Ablehnung bestätigen.

Also, was glaubst du über dich? Wie denkst du über die Welt? Sind dir deine Gedanken und inneren Dialoge bewusst? Ist dir bewusst, wie du mit dir sprichst? Denn vergiss niemals: **Du hörst dir immer zu**!

Ist es schon mal vorgekommen, dass du dich als »Idiot« bezeichnet und dich somit selbst beleidigt hast, weil dir etwas heruntergefallen ist? Würdest du zu jemandem, der bei dir zu Hause eine Vase kaputt macht, auch sagen: »Du dumme, unfähige Kuh«? Wohl kaum.

Täglich laufen 60.000 bis 80.000 Gedanken durch unseren Kopf. Der Großteil davon ist negativ und kreist entweder in der Vergangenheit herum (in Schuld und Reue) oder in der Zukunft, bangend vor Schlimmem. Das bedeutet, viele Menschen sind in der meisten Zeit überall, aber nicht an dem einzigen Ort und in der einzigen Zeit, wo das Leben real stattfindet – **dem Hier und Jetzt**. Sie stecken im Kopf, in ihrem Verstand fest. Es rotieren immer wieder dieselben Gedankenschleifen, wie bei einem kaputten Plattenspieler, und diese drehen sich um Zukunftssorgen oder um Schuldgefühle, Selbstkritik und mentales »Auspeitschen« aufgrund von Vergangenem. Es ist eine Art ständiges Springen zwischen Vergangenheit und Zukunft.

Ab einer gewissen Anzahl an Wiederholungen eines gleichen Gedankens entsteht und verankert sich dann der sogenannte Glaubenssatz. Dieser Glaubenssatz wiederum verursacht das entsprechende damit verknüpfte Gefühl. Und mit dem Gefühl ziehst du die entsprechenden Ereignisse in dein Leben. Du verursachst sie auf energetischer Ebene und erhältst ihre Wirkung.

Die meisten Menschen nehmen ihre inneren Dialoge, Gedankenmuster und die daraus entstandenen Glaubenssätze nicht wahr und wundern sich, weshalb sie erfolglos und energetisch am Boden sind und sich schlecht fühlen. Sie lassen die innere Kraft des Unterbewusstseins und der Schwingung nicht für sich arbeiten. Ganz im Gegenteil – **sie programmieren sich unwissend auf all das, was sie eigentlich nicht möchten. Sie ziehen genau das an, wovor sie sich fürchten.**

Nichts ist machtvoller als dein Unterbewusstsein. Nur ein Bruchteil deiner Lebensführung, Zielerreichung, Handlungen findet über das Bewusstsein statt, der Rest über das Unterbewusstsein. Es ist ziemlich ineffizient, wenn du davon nichts weißt, weil du nicht mit diesem universellen Gesetz vertraut bist. So erteilst du dem Unterbewusstsein unbewusst einen Auftrag zur Vollziehung, den du eigentlich um jeden Preis vermeiden möchtest. Du befindest dich in einem Spiel, aber nicht als aktiver Mitspieler, sondern als Figur, mit der gespielt wird. Du schießt ein Eigentor nach dem anderen und wunderst dich. Du siehst dich als Opfer des Lebens. Mit diesen Überzeugungen und den darauf fußenden Gefühlen setzt du Ursachen, die deine Zukunft bewirken.

Das ist die wahre Definition von Schicksal. Die meisten Menschen sind sich dessen nicht bewusst und definieren aufgrund ihrer Unwissenheit die selbst verursachten Folgen (die Wirkung der gesetzten Ursache) als Schicksal, Glück oder Pech.

Das kosmische Gesetz dahinter (Ursache - Wirkung/Gesetz der Anziehung)

Es ist schon lange kein wissenschaftliches Geheimnis mehr, dass wir Menschen im Grunde genommen schwingende Energie sind. Atome, die durch Schwingung zu verdichteter Materie werden, die unser Auge dann wahrnehmen kann. Das, was unser Auge erfassen kann und was sich wie feste Masse anfühlt, ist in Wirklichkeit sich auf kleinster Ebene bewegende Energie. Das ist Physik. Wir schwingen als schwingende Wesen auf einem schwingenden Planeten. Stelle dir die Welt auf feinstofflicher Ebene wie ein energetisches Spinnennetz vor: Alles ist mit allem verbunden.

Unser energetischer - also feinstofflicher - Körper ist für das Auge nicht sichtbar, doch er spielt für das, was wir in unser Leben ziehen, die allerwichtigste Rolle. Zu diesem Thema hat die Quantenphysik schon seit Jahrzenten Beweise und weiß, dass es keine Zufälle gibt. Unser Verstand definiert etwas als Zufall, was er sich anhand seiner begrenzten Möglichkeiten und seiner Erfahrung auf materieller Ebene nicht erklären kann. Er findet keine geeignete Schublade dafür.

Unser physischer Körper, den viele Menschen noch immer für das einzig Reale halten, ist das letzte Glied in der Kette unseres gesamten Feldes. Alles entsteht zuallererst auf feinstofflicher, also energetischer Ebene und manifestiert sich lediglich in unserer physischen Welt und im physischen Körper. Das bedeutet, dass uns unser Körper und die Welt um uns herum wie ein Diagnosegerät oder Spiegel zeigen, was wir auf höherer Ebene verursacht haben.

Die stärkste Macht, die ein Mensch hat, ist sonach die Schwingung. Wenn er ein Leben in Freude und Liebe führt und seine Wahrheit zu 100 Prozent lebt, dann schwingt er hoch. Somit ist er in innerer Fülle und sendet dieses Gefühl der Fülle auch in die Welt. Und das Gesetz der Anziehung bringt immer urteilsfrei Fülle zu Fülle. Aber auch umgekehrt – also Mangel zu Mangel. Die Frequenz, in der du schwingst, wird in jedem Augenblick ausgesendet und kommuniziert somit konstant mit der Welt. Das Leben verbindet immer Gleiches mit Gleichem. Hochfrequente Manifestationen wie mehr Glück, Freude, Gesundheit, liebevollere Menschen, Erfolg usw. können sich demnach nur mit ebenso hochfrequenten Rufen von Menschen verbinden. Das bedeutet, dass ein Mensch, der sich nicht achtet, nicht liebt, sich abhängig macht, auch nur solche Menschen anziehen und mit ihnen in Resonanz und Beziehung gehen kann. Das gilt für alles – für Geld, Menschen, Erfolg, Gesundheit …

So, wie ein Radiosender, der auf der Frequenz 105,6 sendet. Er wird nur von Zuhörern empfangen, die genau diese Frequenz einstellen. Er kann keine Zuhörer auf der Frequenz von 110,00 oder 88,9 erreichen. Es ist unmöglich. Liebe, Glück und Freude haben eine andere Frequenz als Angst, Neid, Missgunst, Zweifel, Sorgen …

Alle erfolgreichen, wohlhabenden **und zugleich erfüllten** Menschen haben niemals entgegen diesen Spielregeln des Lebens agiert, ob bewusst oder unbewusst. Für sie sind diese universellen Gesetze bereits Alltag und selbstverständlich. Sie leben dieses Gesetz von Ursache und Wirkung täglich und bekommen immer, was sie wollen. Denn alles ist letztendlich unbegrenzte Energie im Überfluss. Auch Geld und alle materiellen Güter sind Energie.

Andere Menschen hingegen glauben immer noch, das habe etwas mit Esoterik oder Zauberei zu tun. Komischerweise sind es genau diese Menschen, die Armut, Unzufriedenheit, Erfolglosigkeit und gesundheitlichen Mangel erleben.

Aber wie bei allem schaue ich mir einfach die Fakten an und glaube nicht an Wörter. Ich erinnere mich an Zeiten, in denen ich dies auch für Unfug hielt. Es waren Zeiten von Mangel, Schwere, Kampf, Depression. So ist es auch bei vielen anderen Menschen. Schau dir an, was für Leben die meisten Menschen führen, die das für esoterischen Unsinn halten. Und nimm einfach wahr, wie glückliche, gesunde, erfolgreiche und lebensfrohe Menschen bis ins hohe Alter darüber denken. Das erklärt alles. Es spricht für sich.

Wie sieht es mit dem Verhältnis von innerer Energiearbeit und dem reinen Tun im Außen aus?

Die energetische Grundlage, die ich angesprochen habe, ist die Basis, um etwas zu bekommen und es halten zu können. Es ist aber nur die Hälfte der Miete. Der andere Teil besteht darin, ins Tun zu kommen. Wie das Tun auszusehen hat, hängt von deinem Wunsch ab.

<u>Ich würde es so erklären:</u>

Die Grundlage für eine gute Ernte eines Bauern sind ein nahrhafter Boden und eine gute Saat. Das entspricht genau dieser inneren Arbeit deines Glaubenssystems und der inneren Fülle. Doch der Bauer muss gießen, Unkraut entfernen – also etwas für die Ernte tun, obwohl er die Grundvoraussetzung durch das Säen auf einem guten Boden bereits erledigt hat.

Was so viel bedeutet wie: Wenn du dir eine Million Euro beim Universum bestellst (also säst), aber dann nur in der Wohnung sitzt und spirituelle Musik hörst, wirst du selbst zur Blockade für das, was du gesät hast. Du musst schon mit einer guten Idee, einem Businessmodell etc. in die Welt gehen oder Lotto spielen, um dem Leben die Möglichkeit zu geben, dir dafür die richtigen Menschen und Umstände zu schicken.

Ich halte nichts davon, nur zu Hause zu affirmieren und zu warten, dass alles zu dir kommt. Doch auch umgekehrt, wenn du mit blindem Aktionismus durch das Leben gehst und dabei im Mangel schwingst oder nicht förderliche Glaubenssätze in dir trägst, wird es richtig schwierig bis gar unmöglich.

Du kannst womöglich mit überdurchschnittlich viel Aufwand einen Bruchteil an Erfolg ernten. Setzt du aber die richtigen Ursachen und legst eine gute energetische Grundlage, kommst du mit Leichtigkeit und weitaus schneller zu weitaus besseren Ergebnissen. Ganz gleich, um was für Ereignisse es sich handelt.

11

SO VERÄNDERST DU NEGATIVE GLAUBENSSÄTZE

Das Tolle an dem Gesetz von Ursache und Wirkung bzw. dem Gesetz der Anziehung ist, dass du anhand deiner Umstände immer erfahren kannst, was du noch unbewusst über dich oder andere glaubst. Dazu ist es aber wichtig, deinen Blick von der Oberfläche des Geschehens zu wenden. Umstände und Menschen zeigen dir haargenau, was du glaubst und fühlst. Jeder Konflikt, der dich berührt, birgt ein Geschenk für dich. Die Verpackungen der Geschenke, die einem das Leben durch Umstände und Menschen schickt, sind aber selten attraktiv.

Wenn du ständig Unfrieden, Krieg, Unfälle anziehst, darfst du in dich gehen und schauen, mit was du noch im inneren Kampf und Unfrieden bist. Vielleicht mit deiner Vergangenheit, deinen Eltern, dem Ex-Partner oder mit deinem Aussehen?

Ziehst du immer die gleichen Partner an, die dich gleich schlecht behandeln, abwerten und herabsetzen? Dann solltest du in die Tiefe gehen und überprüfen, ob und in welchen Lebensbereichen du dich selbst erniedrigst, herabsetzt oder dir nicht treu bist.

Schaue dir vor allem auch die Gefühle an, die durch Menschen oder Umstände ausgelöst werden. Fast immer liegt hinter schmerzhaften Gefühlen ein entsprechend negativer Glaubenssatz. Triggert jemand in dir z. B. das Gefühl von Ohnmacht, könnte der unbewusste kindliche Glaubenssatz dahinter lauten: »Ich bin klein, hilflos und abhängig« oder »Ich bin schwach«, »Ich bin unfähig und dumm«, »Ich werde nie etwas schaffen«. Wende dich deinem Glaubenssatz und dem Gefühl zu. **Beschäftige dich nicht mit dem äußeren Auslöser** (Partner, Chef, Kollegen, Regierung). Das lenkt dich nur vom eigentlichen Thema des Wachwerdens und der inneren Heilung ab.

Was jemand sagt und macht, sagt alles über ihn aus und darüber, was er über sich denkt. Das ist alles sein Kaffee. Doch das, was du durch ihn in dir spürst, ist ausschließlich DEIN Kaffee. Emotional kann dich niemand mehr NEU verletzen.

Nehmen wir an, jemand behauptet, du seist stockdumm. Wenn du dir absolut sicher bist, intelligent zu sein, wird dich das nur ein Lächeln kosten. Solltest du aber auch nur einen winzigen Teil in deinen Zellen tragen, der dasselbe denkt, dann wird dich diese Aussage verletzen. Das wahre Problem ist in dir – nicht beim Verursacher oder Auslöser.
Je näher dir eine Person ist, umso mehr Chancen gibt es für dich, deine Glaubenssätze in ihr zu erkennen, wenn auch manchmal auf schmerzhafte Art. Deshalb sind Beziehungen die besten und schnellsten Katapulte für dein Wachstum. Wenn dir ein Fremder auf der Straße sagt, du seist dumm, wird dich das weniger tangieren, als wenn es deine größte Liebe zu dir sagt.

Konkrete Maßnahme: Erkenne deine negativen Glaubenssätze durch andere Personen

Jemand sagt oder macht etwas und berührt, verletzt dich innerlich (emotional). Gehe so vor:

1. Setze gesunde Grenzen und wende dich ab. Also im Außen keinesfalls zulassen, dass jemand dein inneres Kind verletzt und erniedrigt.

Sei mutig und entschlossen, wie in den vorherigen Kapiteln besprochen. Verzichte darauf, zu kämpfen oder Recht haben zu wollen!

2. Bedanke dich innerlich bei dieser Person. Dafür, dass sie dir einen tiefsitzenden Glaubenssatz sichtbar gemacht hat. Du könntest sie natürlich auch zum Täter und dich zum Opfer machen, indem du sie beschimpfst, in dem Glauben, sie sei die Ursache deines Schmerzes. Das ist das, was die meisten mental schlafenden Menschen machen. Sie schaffen Feindbilder, auf die sie ihre inneren Schmerzthemen projizieren können, um sich kurzzeitig vom Fühlen und Auseinandersetzen mit diesen Themen zu befreien.

3. Frage dich: Was hat das, was mich hier getroffen hat, mit meinem Glauben über mich zu tun? Dadurch entdeckst du unbewusste Glaubenssätze in dir, z. B. »Ich bin es nicht wert«, »Ich bin keine gute Mutter«, »Ich habe nicht das Zeug, um erfolgreich zu sein«, »Ich mache alles kaputt« usw. Indem du dir deinen Glauben über dich bewusst machst, hast du schon mehr als 50 Prozent der Miete. Jetzt kannst du achtsamer sein und beginnen, dir andere Sätze zu erzählen. So, wie du dir jahrelang unwahre Geschichten über dich erzählst hast, bis du von ihnen überzeugt warst. Beginne jetzt, dir bessere Geschichten (Gedanken) über dich zu erzählen, bis du anfängst, sie durch die Macht der Wiederholung zu glauben. Dann wird sich auch dein Gefühl verändern und somit das, was du in dein Leben ziehst. Du verursachst mit anderen Glaubenssätzen und anderen Gefühlen ein anderes Schicksal. Das nicht zu machen, wäre ausgesprochen dumm und verantwortungslos dir selbst gegenüber.

Eine PROAKTIVE Methode, um unbewusste Glaubenssätze zu erkennen und zu verändern (Selbstbild, Geld, Erfolg, etc.)

1. Ermitteln der Glaubenssätze

Es gibt noch eine sehr gute und höchst effektive Methode, um zusätzlich und gezielt blockierende Glaubenssätze ausfindig zu machen. Das ist eine PRO-AKTIVE Methode: Du wartest nicht erst, dass eine andere Peron dich schmerzhaft berührt. ***Du gehst das Ganze aktiv an.***

Für diese Übung sind pure Offenheit, Wahrheit und Mut notwendig. Bringe die ersten Bilder, die dir in den Kopf schießen, als Text sofort aufs Papier, ohne sie erst durch deinen Verstand zu filtern. Nach zwei bis drei Sekunden Wartezeit mischt sich bereits dein Verstand ein und verfärbt alles. Lasse deine Hand als direkten Diener deines Gefühls und deiner inneren Bilder selbstständig arbeiten.

Ich zeige dir die Übung anhand des Themas GELD.

Nehmen wir an, du läufst ständig erfolglos Geld hinterher. Mit großer Wahrscheinlichkeit hast du einen dysfunktionalen Glaubenssatz über Geld in dir. Die meisten Menschen haben eine gestörte Beziehung zu Geld. Denkst du unbewusst, dass Geld schlecht ist, wirst du es immer abstoßen, anstatt ein Magnet dafür zu werden. Denn Geld ist auch nichts anderes als Energie, so wie alles in dieser physischen Welt. Geld wird nicht zu dir kommen, wenn du es nicht magst. Du würdest auch nicht zu jemanden gehen oder lange bei ihm bleiben, der dir unsympathisch ist.

Also nimm dir wieder Zeit und Ruhe. Schalte dein Handy ab und eliminiere alle Ablenkungen.

Schreib auf ein Blatt Papier als Überschrift: »Was verbinde ich mit Geld?«.

Anfangs bist du vielleicht überzeugt davon, nichts Negatives darüber zu denken. Wenn du aber erst einmal in den Flow-Modus kommst und zu schreiben beginnst, erlebst du eine Überraschung. Viele Menschen, mit denen ich zusammengearbeitet habe, sind erstaunt darüber, was alles an die Oberfläche kommt.

Bei mir sind es damals vier Blätter geworden. Ich war erschrocken, was dabei herauskam. Wie viel »Müll« in mir war. Daraufhin wusste ich, warum es mir unmöglich war, konstant einen Überfluss an Geld zu haben: Mit solchen Glaubenssätzen konnte das nicht gelingen.

Mit Geld assoziierte ich Bilder von alten bierbäuchigen, frustrierten und todunglücklichen reichen Männern auf dem Sterbebett. Ich entlarvte ebenso den Glaubenssatz in mir, dass es nicht spirituell sei, Geld zu haben und es zu lieben. Ich dachte, Geld mache krank und ungesund. Vor mir lagen vier vollgeschriebene Blätter mit solchen destruktiven Glaubensmustern, die mir bis zu jenem Zeitpunkt nicht bewusst gewesen waren.

Bis zu diesem Zeitpunkt war ich überzeugt davon gewesen, ich hätte ein gutes Verhältnis zu Geld. Erschreckend!

Dieselbe Übung kannst du für alle Themen durchführen. Ich habe sie dir anhand des Themas Geld erklärt, doch das Prinzip ist immer gleich.

Du kannst beispielsweise das ***Thema Erfolg*** *für dich durchgehen, deine unbewusste Meinung zu Erfolg aus dir herauslocken. Das ist sinnvoll, falls du der Meinung bist, nicht den Erfolg zu haben, den du dir wünscht. Sehr viele Menschen haben ein gestörtes Verhältnis zum Erfolg. Ich kenne niemanden, der etwas macht und dabei gerne erfolglos ist, selbst bei kleinen alltäglichen Dingen wie Einkaufen, Autofahren, etc. Jeder möchte bei dem, was er tut, erfolgreich sein. Alles andere ist Selbstbetrug.*

Ebenso empfehle ich dir, mittels dieser Übung ***dein Selbstbild*** *zu überprüfen. Schreib z. B. als Überschrift auf dein Blatt: »Was denke ich über mich?«*

Es ist spannend, was alles sichtbar wird. Auch hier war ich erschrocken, was sich in meinem Unterbewusstsein alles abgespielt hat. Ich dachte mir damals, nicht mehr als ein Blatt über mein Selbstbild zu benötigen, wenn überhaupt. Was passierte? Es wurden ganze sechs Blätter. Sechs Blätter voll mit gedanklichem Müll und Überzeugungen über mich. Somit wurde mir glasklar gezeigt, weshalb ich mich so fühlte, wie ich mich eben fühlte, und warum alles so war, wie es war.

2. Alte Glaubenssätze durch neue ersetzen

1. Akzeptieren und Annehmen

Der erste Schritt besteht darin, mit deinen negativen Glaubenssätzen einverstanden zu sein. Ich spreche von Widerstandslosigkeit, im weiteren Sinn auch Liebe. Wenn du mit etwas nicht einverstanden bist, kannst du es niemals loslassen. Es lässt dich los, wenn du es annimmst. Die Menschen verwechseln Loslassen mit Loswerden oder Wegschmeißen. Wenn du einen Gegenstand loslassen willst, der am Boden liegt, musst du ihn zuerst einmal aufheben und (an-)nehmen. Erst dann kannst du ihn loslassen. Genauso verhält es sich mit allem, was in dir ist. Du musst damit im Frieden sein und es akzeptieren. Das hat nichts mit Schuld zu tun, sondern mit übernommener Verantwortung.

Deshalb: *Lies dir bitte deine negativen Glaubenssätze laut und aufmerksam durch und sage laut: »Ja, ich bin damit einverstanden!«*

2. Transformation der Glaubensätze

Nimm jetzt einen neuen Zettel zur Hand und schreibe ganz bewusst darauf, was deine idealen Glaubenssätze zu diesen Themen wären. Glaubensätze, die deinem höchsten Bestreben dienlich sind. Mit denen du deine Ziele und Wünsche erreichst, anstatt sie abzustoßen.

Bei den Themen Geld und Erfolg habe ich die Glaubensätze einfach umgedreht.

Bei dem Glaubenssatz in Sachen Geld und Erfolg, mit dem ich ungesunde, bierbäuchige, frustrierte und unglückliche Männer im Sterbebett assoziierte, habe ich mich für folgende neue Glaubenssätze entschieden:

- *Geld und Erfolg machen Spaß und halten fit, gesund und glücklich. Geld ist der Schlüssel zur Freiheit.*

- *Geld fließt mir mit Leichtigkeit zu.*

- *Mit Geld muss ich keiner Tätigkeit mehr nachgehen, die ich nicht mag, und meine kostbare Lebenszeit darin investieren.*

Es geht nicht darum, ob deine neuen Glaubenssätze logisch und wahr sind oder du sie als moralisch korrekt einstufst. Das Ziel ist eine neue Programmierung deines Unterbewusstseins, um das zu erschaffen, was du dir wünscht. Deinem Unterbewusstsein ist egal, ob es wahr oder nicht wahr ist. Darum geht es hier nicht. Wir sprechen von reiner Funktionalität.

Stell dir die Frage: Wie soll der neue Glaubenssatz lauten, der mich meinem höchsten Ziel und Bestreben näherbringt, anstatt mich davon zu entfernen? Das war es auch schon.

Beispiel für die Programmierung deines Selbstbilds:

Negativer Glaubenssatz: »Ich vermassle alles und bin ein Looser«.

Positiver, neuer Glaubenssatz dazu: »Ich bin ein Gewinner und schaffe alles, was ich mir vornehme«.

Negativer Glaubenssatz: »Ich muss mich bemühen und kämpfen, dass mich jemand liebt«

Positiver, neuer Glaubenssatz dazu: »Ich bin richtig und liebenswert, so, wie ich bin, und brauche um keine Liebe der Welt mehr zu kämpfen.«

Negativer Glaubenssatz: »Ich verdiene keinen Partner, der mich liebt«.

Positiver, neuer Glaubenssatz dazu: »Ich bin ein wertvolles Geschenk für diese Welt und verdiene nur das Beste.

3. Macht der Wiederholung (Unterbewusstsein)

Nimm jetzt die neuen Glaubenssätze zur Hand und lies sie dir jeden Tag fünf Minuten bewusst und laut vor. Mach das für mindestens einundzwanzig Tage, ohne einen einzigen Tag auszulassen. Ansonsten müsstest du von Neuem beginnen.

12

SPRENGE DEINEN GEISTIGEN KÄFIG UND FINDE DEINE WERTE

Herzlich willkommen im zweiten großen Teil deiner persönlichen Reise. Ja, jetzt wird es persönlicher. Werkzeuge, Formeln usw. hast du ausreichend bekommen. Doch ohne die eigene Wahrheit und deine Bestimmung zu kennen, ist es unmöglich, sie zu realisieren. Ohne die eigenen Werte zu kennen, wird es schwierig, für deren Einhaltung zu sorgen.

Alles, was du bisher von mir gelernt hast, solltest du für die Umsetzung deiner Werte, Ziele, Träume und Wahrheiten einsetzen. Das sind zum größten Teil unsere Themen in diesem Teil des Buches.

Es gibt ein großes Problem, das bei einem Großteil der Menschheit konstant mehr Leid, Mangel, Hass und Unglück verursacht, sowohl global auch im privaten Umfeld.

Ich spreche von dem Glauben an die Illusion eines **allgemein gültigen Richtig oder Falsch**.

Daraus werden unsere tiefsten Ängste geboren, etwas Falsches zu tun und somit verdammt, ausgeschlossen oder verurteilt zu werden.

Um diese Angst und Schuld nicht zu fühlen, vermeiden wir ein Leben nach eigenen Regeln und Bedürfnissen und vergessen, dass wir uns selbst der wichtigste Mensch sein sollten. Wir entscheiden uns lieber für allgemeingültige Moralvorstellungen, Werte, Dogmen, Normen und Regeln. Wir sperren uns damit selbst in einen engen Käfig aus Begrenzungen ein.

Das führt natürlich zu Unruhe, innerem Unfrieden und Schmerzen. Wir werfen uns selbst aus unserer Mitte. Denn das ist Selbstverrat auf höchstem Niveau.

Es werden genormte, allgemeingültige Werte auf Kosten unserer eigenen gelebt. Aber die Sprache selbst sollte einem bereits zu denken geben: Das Wort »Selbstwert« beinhaltet das Wort »Wert«. Sobald du deine eigenen Werte verrätst, bist du dir selbst nicht genug wert.

Damit leben wir Fremdwert und somit die Werte und das Leben anderer.

Wir glauben, solche Heucheleien vor uns selbst tarnen zu können, was natürlich nicht funktioniert. Unser Unterbewusstsein und das innere Kind hören und schauen in jedem Augenblick zu. Nichts entzieht sich ihrer Wahrnehmung.

In den meisten Fällen leben Menschen das Leben anderer, **ohne sich dessen bewusst zu sein**. Nicht umsonst wird das oft als der »konditionierte Schlaf« bezeichnet. Wenn du schläfst, bist du dir dessen meist auch nicht bewusst.

Die Krisen des Lebens sind genau dafür gedacht. Um wach zu rütteln. Ein Eimer voll eiskalten Wassers wird einem mitten ins Gesicht geschüttet. Manche Menschen haben sich schon so tief in ihren Schlaf verkrochen, dass ein Eimer Wasser nicht ausreicht. Das Leben bedient sich dann manchmal eines Prügels, um die Schlafmütze aus dem Traum zu holen. Das ist ein Wake-Up-Call deiner Seele.

Und so bemerken einige Menschen dieses Schlafen erst in einer Lebenskrise, während andere erst auf dem Sterbebett erwachen. Dort gibt es aber leider keinen Rückspulknopf.

Solange ein Mensch noch daran glaubt, dass ein allgemeingültiges Richtig oder Falsch existiert, ist er nicht in der Lage, ein EIGENES Leben zu leben. Damit versperrt er sich den Weg zum Glück. Du kannst nicht gleichzeitig frei sein, wenn du an Ketten gefesselt bist.

Der Erwachens- und Bewusstwerdungsprozess bedeutet das Sprengen aller bisher erlernten Konzepte, **wie etwas zu sein** hat. Es ist das Befreien von allen geistigen Ketten.

Sag mir, wer regelt bitte, was richtig und was falsch ist?

Jeder Mensch kann nur subjektiv anhand seines eigenen Wertesystems urteilen und dafür ein Etikett festlegen. Doch das ist SEIN Wertesystem.

In der Natur, im Universum gibt es so etwas wie richtig oder falsch nicht. Das ist eine rein menschliche Produktion.

Aus der Vorstellung heraus, dass etwas richtig oder falsch ist, folgt unsere nächste Schlussfolgerung: die Bewertung, ob etwas gut oder böse ist.

Und so beginnen wir, andere fühlende Wesen zu verurteilen, und versuchen, ihnen unsere Weltanschauung überzustülpen. Wir wollen recht haben, und wenn es sein muss, mit Kampf, Gewalt, Spott. Wir schlagen uns gegenseitig die Köpfe ein.

Alle Kriege und Konflikte wurden aus solch einem verengten Bewusstseinszustand heraus geführt, durch das Festhalten an nur einem Richtig oder Falsch, einem Gut oder Böse. Im Endeffekt wird also um das eigene Rechthaben gekämpft und dafür, wenn es sein muss, Blut vergossen. Einige Menschen oder Kulturen sind davon überzeugt, dass ihre Weltanschauung die einzig moralisch richtige ist und somit jede andere Vorstellung sowie Lebens- und Handlungsweise zerstört werden muss.

Am meisten haben zu diesen Konflikten Religionen beigetragen. Nichts polarisiert mehr und erschafft mehr getrenntes Kleinheitsdenken. Nichts hat mehr den Schwachsinn von Himmel und Hölle, von Gut und Böse, Richtig und Falsch und einen von uns getrennten, zornigen, verurteilenden, personifizierten strafenden Gott in unser Glaubenssystem gepflanzt. Das ist eine typisch menschliche Theologie, die auf Angst beruht. So verstehen wir die Welt und stülpen das Modell dem Leben, dem Universum, dem Göttlichem, der Natur auf.

Interessanterweise liegt das Grundziel von Religionen in der Liebe und dem Weltfrieden. Scheinbar geht dieses Konzept nicht auf. Denn manche Kriege und Morde werden sogar im Namen Gottes geführt. Ironischerweise hat »Gott« in jedem Land und jeder Kultur eine andere Interpretation von Richtig und Falsch hinterlassen. Noch interessanter ist, dass sich diese von Zeit zu Zeit verändern.

Aus diesem Grund haben meiner Meinung nach Religionen in der Praxis nichts mit etwas Göttlichem zu tun, mal abgesehen von der theoretischen Grundidee von Liebe und Frieden.

Befreie dich von den alten Märchen

Im Kosmos und in der Natur existieren nur Gesetze wie beispielsweise das von Ursache und Wirkung. Und sie sind wertfrei: Das Universum urteilt nicht und schon gar nicht nach menschlichen Moralvorstellungen.

Kein Mensch der Welt kann behaupten, dass ein heterosexueller Mensch ein besserer Mensch ist als ein homosexueller. Wer kann aus universeller, göttlicher Sicht behaupten, dass ein Mensch, der gerne FKK-nackt baden geht, ein besserer oder schlechterer Mensch sei als einer, der sich bis auf die Augen bekleidet?

Wie kann ein Familien-Mode-Konzept als allgemein korrekt angesehen werden und sobald ein Partner die Beziehung nicht mehr für richtig fühlt und sich trennt, wird er als der Böse dargestellt? Wer kann festlegen, ob Monogamie oder Polygamie richtig ist?

Während Inzucht in europäischen Ländern tabu ist, gilt sie in manchen arabischen Ländern als richtig und ist erwünscht. Was ist nun richtig und was falsch? Wer ist nun gut und wer böse?

Viele Menschen haben Angst, ihr Leben als Schöpfer so zu gestalten, wie sie es möchten, weil sie immer noch an das Märchen einer externen strafenden und richtenden Instanz glauben. Ein zorniger Gott, das strafende Karma, das richtende Leben ...

Stell dir das Universum, das Leben vor oder das, an was immer du glaubst. Jetzt stell dir vor, das wäre eine externe richtende und bestrafende Instanz, die nach irgendwelchen menschlichen Kriterien richtet – so, wie man es uns in den meisten Religionen erzählt. In nahezu jedem Land gibt es andere Moralvorstellungen und Ethik-Normen, die übrigens vor fünfzig Jahren anders waren und in fünfzig Jahren wieder anders sein werden. Demnach müsste das Universum, das Leben, das Göttliche oder was auch immer Tausende Mitarbeiter beschäftigen, die genau wissen, welche Moralvorstellungen in welchem Land gegenwärtig herrschen, um auf Basis dessen zu belohnen oder zu bestrafen. Diese göttlichen Mitarbeiter würden ein Burn-out vom Feinsten erleiden. Das ist ein fast schon primitives Beispiel. Aber damit wollte ich dir zeigen, dass einem selbst die Logik auf nicht spiritueller Ebene zeigt, dass daran nichts Wahres sein kann.

Es gibt nichts im Außen, was dich bestraft oder belohnt. Du bist all das, wonach du im Außen suchst. Keiner kann dich mehr bestrafen oder belohnen als du selbst. Du tust es mit deinen eigenen Überzeugungen, Urteilen und Glaubensätzen.

Schuld

Schuld ist eine antrainierte kindliche Illusion. Schuld setzt eine Bewertung voraus und den Glauben an ein Richtig oder Falsch, ein Gut oder Böse. Also stuft sich der Mensch selbst in den Bereich von Falsch oder Böse ein. Schon fühlt er sich schuldig. Alles, was ein Mensch macht, tut er aus seiner eigenen Modellanschauung auf die Welt heraus. Jeder sieht und erfährt die Welt anders, immer entsprechend seinen Überzeugungen und inneren Glaubenssystemen.

Aufgrund dieser Überzeugungen bestimmt er, was in dem jetzigen Moment richtig oder falsch für ihn ist und handelt demensprechend »richtig«. Wenige Menschen haben sich in einer aktuellen Situation bewusst für ein »falsches« oder »schlechtes« Handeln entschieden.

Aber es ergibt keinen Sinn, sich selbst dafür zu beschuldigen. Denn zum Zeitpunkt der Handlung handelt jeder entsprechend seinem aktuellen Bewusstseinszustand. Jeder hat das ihm Bestmögliche gemacht, das, was er in diesem Moment und Lebensabschnitt für bestmöglich gehalten hat.

Was ist konkret zu tun?

Wenn es sonach kein äußeres allgemeingültiges Richtig gibt, was ist dann richtig?

Es geht darum, dein eigenes Richtig und Falsch zu finden. Du solltest das tun, was für dein höchstes Ziel oder dein Leben

anhand deines aktuellen Bewusstseinszustandes funktioniert.
Das ist **DEIN persönliches Richtig.**

Die Frage ist immer: Funktioniert es für dich oder nicht?

Ist es für deine Werte, deine Persönlichkeit, deine Ziele dienlich oder nicht?
Verrät es deine Werte und Persönlichkeit und entfernt es dich von deinem Ziel, deinem Vorhaben, deiner Lebensvorstellung oder bewirkt es das Gegenteil?

Deine Werte – dein menschlicher Kompass, deine Integrität

Eigene Wertvorstellungen, eine eigene Ethik zu haben, das ist ein MUST HAVE, denn deine Werte sind dein ganz persönlicher Kompass für dein Richtig und dein Falsch. Erst wenn du sie kennst, kannst du auch dafür sorgen, dass sie eingehalten und von keinem anderen verletzt werden. Ohne Werte bist du wie eine Feder in einem Tornado. Du wirst kontrolliert und hast keinen Halt oder irgendeine Orientierung.

- Um zu wissen, ob du Grenzen setzen oder ein Nein aussprechen musst, weil jemand oder etwas deine Werte verletzt, musst du deine Werte zunächst einmal kennen.
- Um zu wissen, ob du mit einem Mensch zusammenleben kannst, ohne dich dabei selbst zu verraten, ist es notwendig, abzugleichen, ob sich eure Werte nicht gegenseitig zerfressen. Auch das geht nur, wenn du deine Werte kennst.
- Um zu wissen, ob eine berufliche Tätigkeit für dich stimmt, musst du feststellen, ob sie deine Werte verletzt. Ist einer deiner Werte »Freiheit« oder »Selbstbestimmtheit«, so wird eine angestellte Tätigkeit in einem großen Team, dem du dich unterzuordnen hast, wohl nicht so geeignet für dich sein. Damit würdest du

leiden, krank werden, dich schlecht fühlen und den Grund dafür möglicherweise bei den Kollegen oder dem Chef suchen. Und das nur, weil du deine Werte nicht kennst.

Aus diesem Grund brauchst du Werte, aber es sollten DEINE Werte sein und nicht die deines Partners, Kindes, Nachbarn, Landes …

Keiner hat recht und zugleich hat jeder recht – für sich. Jeder hat seine eigene Wahrheit. So viele Menschen es auf der Welt gibt, exakt so viele Wahrheiten gibt es auch. Es gibt keine allgemeingültige Wahrheit. Wenn die Menschen das endlich begreifen würden, wäre das Ende sowohl für globale als auch für persönliche Kriege gekommen.

Das bedeutet: Deine Entscheidung, ob etwas funktional und richtig für dich ist, kannst du anhand deiner Werte treffen. Die sich übrigens auch verändern können.

Wenn ich dich um 03:00 Uhr in der Nacht anrufe und dich nach deinen Werten frage, solltest du sie ins Telefon schießen.

<u>Um dir Beispiele zu geben, liste ich dir ein paar meiner Werte auf:</u>

- Wahrheit und Freiheit vor Harmonie
- keinen Kontakt mit Menschen, die mich klein halten
- kein Betteln und Kämpfen um die Liebe anderer
- viel Schlaf – Ausschlafen ist mir wichtig
- viel Reisen, unterwegs sein
- Monogamie in einer Beziehung
- zwei Tage in der Woche nur für mich, ohne Handy & Co.

Lebensqualität

Allein sich einige Zeit mit einer Niederschrift über deine eigenen Wertevorstellungen zu befassen und sich dazu die richtigen Fragen zu stellen, bewirkt enorm viel. Du entfernst sofort die Scheuklappen um viele Zentimeter. Sobald ein Mensch verstanden hat, aber auch fühlen kann, dass es kein äußeres Richtig oder Falsch, Gut oder Böse gibt, legt er eine große Last an emotionalen Gewichten ab. Das ist eine Befreiung von Ängsten, Schuld und Druck.

Vor allem die Angst, gegen allgemeine moralische Regeln zu verstoßen, hält einen Menschen klein und ängstlich. Sei es, weil er glaubt, ein Sünder zu sein und in der Hölle zu schmoren oder sozial abgelehnt und verstoßen zu werden. Die Ängste dahinter und die Gründe dafür sind unendlich.

Übung 1 - Definiere deine Werte:

Notiere nun deine eigenen Werte. Was ist für dich wichtig? Wenn du einen Scheiß drauf gibst, was andere von dir denken oder wollen – was wären dann deine ganz eigenen Werte? Diese müsste niemand anderer auf der Welt teilen oder gutheißen. Es sind DEINE. Je genauer, desto besser.

____

____

____

____

____

____

Übung 2:

Nimm dir Zeit, sei ehrlich zu dir. Notiere alles, was herausfließt. Prüfe dies nicht mit deinem Verstand. Hier sind Offenheit und Ehrlichkeit unabdingbar. Lass einfach deine Hand selbst schreiben.

Schreibe drei konkrete und bereits vergangene Situationen auf, die du als falsch oder böse ansiehst oder in denen du dich selbst verurteilst. Geh danach jeden Satz durch und frage dich, ob das wirklich die ultimative Wahrheit des Lebens und des Universums ist? Frage dich, ob wirklich ***DU*** *dieser Meinung bist, dass es falsch war, oder ob du eventuell eine* ***Fremdmeinung*** *übernommen hast und diese hier vertrittst. War es vielleicht die Meinung der Eltern, der Freunde, des Staates, der Nachbarn, der Großeltern?*

____

____

____

____

____

____

Übung 3:

Schreibe eine Situation auf, in der du jemanden verurteilt hast, beispielsweise, weil dieser Mensch die Unwahrheit von sich gab. Versuche, dich zu erinnern, ob du nicht auch schon mal so eine Situation erlebt hast, in der du gelogen hast. Notiere sie ebenso und frage dich, ob du aus heutiger Sicht genauso handeln würdest wie damals.

____

____

____

Übung 4:

Notiere alles, was dir einfällt, was deiner Meinung nach in der Welt und in deinem Umfeld korrekt oder nicht korrekt ist. Nachdem du das durchgeführt hast, gehe jeden Satz durch und frage dich: Wer sagt das? Versuche herauszufinden, wer hier das Richtig und das Falsch definiert hat. Frage dich, ob jeder Mensch auf diesem Planeten deiner Meinung wäre und dein Urteil genauso als Wahrheit ansähe. Frage dich, ob du in einem anderen Lebensabschnitt, also z. B. vor zwanzig, fünfzehn, zehn, fünf Jahren, ebenfalls dieser deiner Meinung gewesen wärst.

13

STUNDE DER WAHRHEIT

Als ich mich selbst zu lieben begann, habe ich mich von allem befreit, was nicht gesund für mich war, von Speisen, Menschen, Dingen, Situationen und von allem, was mich immer wieder hinunterzog, weg von mir selbst. Anfangs nannte ich das gesunden Egoismus, aber heute weiß ich, das ist ***SELBSTLIEBE****.*

Wird Charlie Chaplin zugeschrieben

Ab jetzt kommen wir ohne ausreichend Mut für Wahrheit nicht weiter. Es kann eventuell an einigen Stellen schmerzen. Aber das ist gut so. Das ist der Weg zum Glück.

Was meine ich mit Wahrheit?

Mut zur Wahrheit bedeutet die Bereitschaft, in sich zu gehen und alles in seinem Leben, samt allen alten, festgefahrenen Überzeugungen, der ernsthaften Prüfung zu unterziehen, um so alles aufzudecken, was nicht mehr der eigenen aktuellen Wahrheit entspricht. Es geht nicht um ein Verurteilen oder Abwerten. Womöglich gab es einen Zeitpunkt, an dem es richtig war, so, wie es war. Aber du kannst dein Leben am Nachmittag nicht auf dem Fundament der Wahrheit deines Vormittags leben.

In Lebenskrisen durchläuft man den identischen Prozess. Ich habe durch all die Schicksalsschläge gelernt, dass eine Krise oder Krankheit nichts anderes ist als ein Schrei deiner Seele. Eine Aufforderung des Lebens, zu erkennen, dass etwas entgegen deiner Bestimmung und Herzenswahrheit läuft. Das Leben möchte dir aus Liebe aufzeigen, dass du dich von dir und deinem Weg entfernt hast und Mist baust. Es ist ein Arschtritt aus tiefster Liebe.

Solltest du nicht in einer Krise stecken, dann werden dir die kommenden Kapitel helfen, es gar nicht erst so weit kommen zu lassen und gleich den eigenen, richtigen Weg zu erkennen.

Falls du aber aktuell in einer Krise feststeckst, dann wird dich diese Arbeit dabei unterstützen, sie leichter und bewusster zu durchgehen, die darin enthaltene Botschaft richtig zu deuten und die Chance zu nutzen. Vor allem aber lernst du so, die richtigen Entscheidungen für dich zu treffen. Deine Entscheidungen.

Der Prozess einer Krise ist immer der gleiche: Du wirst das Hamsterrad verlassen, um alles zu überprüfen. Du wirst dabei regelrecht aus deinem Hamsterrad herausgeworfen. In Extremfällen musst du dein vom Kopf geplantes Leben verlieren, um in ein bestimmtes Leben zu finden. Denn wenn du gegen eine Wand läufst, hat dein Leben etwas Besseres mit dir vor.

In einer Krise entsteht erst einmal das, was in der Physik mehr als normal ist: Chaos! Alles wird zunächst durchgewirbelt und auf den Kopf gestellt. Es ist vergleichbar mit einer Schneekugel. Zunächst herrscht Chaos, bis sich die Schneeflocken absetzen und damit eine neue Ordnung entsteht. Vor jeder neuen Ordnung herrscht das Chaos. Nach dem Chaos einsteht DEINE neue Ordnung. Aber es ist jetzt eine neue Ordnung, die wirklich in Ordnung ist.

Insofern ist eine Krise absolut gesund und in deinem Sinne. In ihr stecken viel Sinn, Tiefe und eine Chance zum Besseren – solange dein Fokus auf die Chance gerichtet ist und nicht auf das Problem. Sofern du auf das halbvolle Glas schaust anstatt auf das halbleere.

Stellst du dir **rechtzeitig** die richtigen Fragen und findest deine Wahrheiten, indem du dich z. B. bewusst mit diesem Buch beschäftigst und alles aufrollst, **steigst du selbst aus dem Hamsterrad**. Und das ist **sanfter und nicht so schmerzhaft**, als wenn du wartest, bis das Leben dich mittels einer Krise aus dem Hamsterrad hinauswirft. Das tut mehr weh.

Lebe das Leben vorwärts und verstehe es rückwärts. (Kierkegaard)

Im Nachhinein erkennst du, wozu alles gut war, und siehst den Sinn darin. Später sind viele für das Erlebte dankbar. Aber eben später. Sie verstehen im Rückblick, dass sie ohne diese Veränderung niemals erfahren hätten, was pures Glück, pure Fülle und echtes Leben sind. Krisen und scheinbare Katastrophen können demnach nur nachträglich verstanden werden. Lebe das Leben nach vorn und verstehe es rückwärts.

Eine Krise öffnet die Augen. Leider sind viele Menschen nicht stark genug und verschließen ihre gerade erst geöffneten Augen wieder. Schade.

Die Krise ist ein Wake-Up-Call aus dem Traum von Kleinheit und Selbstablehnung. Leider gibt es auch viele Menschen, die eine Krise, als letzte und zugleich wunderbare Chance aufzuwachen, nicht nutzen und in ihr altes Leben zurückwandern. Das passiert in den unterschiedlichsten Konstellationen. Meist kämpft das Umfeld akribisch darum, dich wieder in dein altes Leben zurückzuholen.

Einer der Hauptgründe dafür ist unsere durch Industrie geführte Gesellschaft selbst. Und es ist nicht im Interesse der führenden Industrie, wach, glücklich und gesund zu werden. Somit werden diverse Labels und Begriffe für gänzlich falsch priorisierte und gelebte Leben erzeugt. So entstanden Begriffe wie Midlife-Crisis und Burn-out. Es wird ein allgemeingültiger Normalzustand für JEDEN definiert und alles, was davon abweicht, ist eben nicht normal und wird als krank und pathologisch diagnostiziert.

Ich habe mit vielen Psychologen und Psychotherapeuten gearbeitet und selbst diese glauben, dass ihnen all das bewusst sei. Sie wissen, dass es nichts Plumperes gibt, als eine Krise so zu etikettieren. Gleichwohl haben mir manche von ihnen gesagt, dass genau diese Tatsache ihren Job begründet. Die Tatsache, dass ein Mensch an die Illusion glaubt, er sei klein und bräuchte einen äußeren Retter in Form von Gott, Partner, Freund – oder eben eines Therapeuten. Erst das mache ihn zu einem zahlenden Kunden. Ein guter Kunde für die Therapie, Pharma-Industrie, Film, Musik- und Werbeindustrie. Ein toller und manipulierbarer Konsument. Also geht er zum Psychotherapeuten und dieser andere Mensch **soll machen**, dass es ihm gut geht. Dadurch bleibt er klein und abhängig und es werden dauerhaft Scharren von Rettern benötigt und beauftragt.

Hörst und siehst du hin?

Wir bekommen schon sehr früh Zeichen vom Leben. Das Leben, unser Körper, der Geist, sie sprechen nonstop zu uns, nur hören viele Menschen oft jahrzehntelang nicht hin. Sie ignorieren die Worte aus der Sprache ihrer Seele, ihres inneren Kindes, in Form von Unstimmigkeit, Enge-Gefühlen, Intuition und einem schlechten Bauchgefühl – aber sie verändern nichts.

Demnach muss deine innere Stimme immer lauter schreien und den Schmerzpegel erhöhen. Jede und jeder benötigt ein anderes Level an Schmerz, um etwas bewegen zu wollen. Als letzte Möglichkeit muss das Leben den Menschen durch Unfälle, Krisen und Krankheiten Botschaften schicken und zwingt sie so, innezuhalten und nachzudenken. Wer auch das ignoriert, bei dem kann es sein, dass es der Seele zu blöd wird und ihr das Spiel des Lebens keinen Spaß mehr macht. Dann verlässt sie den Körper, um nach Hause zugehen.

Der Weg zurück zu dir!

Durch meine Krisen musste ich mich wieder mit mir selbst befassen und mein Leben nach meiner tiefsten Herzenswahrheit ordnen. Ich begann, meine wahre Berufung und meine Träume in die Realität zu bringen und zu leben. Hörte nicht mehr auf andere, die es scheinbar gut mit mir meinten. Löste mich von allen Menschen, die mich von meiner wahren Bestimmung abhielten, damit ich für sie nützlich bin und ihre Werte lebe. Weiter stellte ich mich alten, verdrängten, negativen Gefühlen, nahm sie an, fühlte und bejahte sie und löste sie damit nachhaltig. Ich begann, meine eigenen Werte zu schützen und die Wünsche meines inneren Kindes zu beachten. Alles veränderte sich plötzlich bei mir. Ich verstand, wie Leben wirklich funktioniert.

Komisch! Wieso war binnen kürzester Zeit meine jahrelange Depression samt unzähligen Ängsten und Phobien weg?

Warum hatte zuvor nichts wirklich funktioniert, egal, was ich probierte und mit wem ich arbeitete?

Wieso wird ein Mensch nicht sauber, wenn er ein teures Parfüm auf die schmutzige Haut gibt?

Die Antwort: Ich werde niemals müde werden, immer wieder zu wiederholen, dass Selbstwert, Selbstliebe und Glück niemals auf einem Fundament von Lügen möglich sind. Sich zu Tode zu meditieren, zu affirmieren, die besten Therapeuten aufzusuchen, das sind tolle Möglichkeiten zur Unterstützung auf deiner Heldenreise ins wahre Leben, aber niemals ein Ersatz für Mut und gelebte Wahrheit.

Es bedarf sehr viel Mut, um sich jahrelang gelebte Unwahrheiten einzugestehen und folglich diese Lügen zu beenden und in Wahrheiten zu transformieren. Das bedeutet es, die Sache an der Wurzel zu packen und somit alle weiteren Subprobleme als deren Symptome automatisch aufzulösen, anstatt sich ständig nur mit den Symptomen zu befassen.

Pack doch das Unkraut an der Wurzel, dann hast du alles, was damit zusammenhängt, dauerhaft gelöst. Verschwende keine weitere kostbare Lebenszeit mehr. Dein menschliches Leben ist zeitlich begrenzt.

Lass uns gemeinsam, bewusst und sanft aus dem Hamsterrad steigen.

Bist du bereit für deine Bestandsaufnahme?

Der Spiegel des Lebens ist der beste, zuverlässigste und erste Indikator, ob du Wahrheit in Selbstachtung lebst. Wir schauen uns ab dem nächsten Kapitel gemeinsam deine Lebensbereiche an, also Berufung, Beziehung zum Partner und zu dir selbst. Nimm dir bitte dafür ausreichend Zeit und Ruhe, um in die Stille zu gehen. Zeit nur für dich. Du bist der wichtigste Mensch in deinem Leben. Diese Zeit ist eine unbezahlbare Investition in dich.

Alle wichtigen Antworten des Lebens findest du nicht im Außen, nicht bei einem anderen, und du hörst sie auch nicht besser, weil sie laut geschrien werden. Denn deine innere

Stimme kennt deine innere Weisheit und weiß, was für dich bestimmt ist. Aber sie spricht leise.

Ich habe früher die Natur und die Stille gehasst. Ich dachte mir, ich bin eben nicht der Typ dafür. Schnell habe ich die Flucht ergriffen, wenn es zu still wurde, und mich in Ablenkungen gestürzt, in Trainings, Partys, laute Musik. Mir war es in der Stille einfach zu laut. Ich habe in Wirklichkeit versucht, die immer lauter schreiende Stimme meines inneren Kindes zu übertönen. Das ist der Grund, weshalb so viele Menschen in Bars oder Diskotheken versumpern und sich zudröhnen mit lauter Musik, Alkohol, Sex. Sie wollen ihre innere Stimme temporär betäuben.

Du musst deine Gedanken zur Ruhe kommen lassen, damit du dein Herz fühlen und hören kannst. Die Stimme deines inneren Kindes, deiner inneren Quelle. Es ist wie an einem See: Um den Grund des Sees zu erkennen, muss das Wasser zuallererst still und ruhig werden. Wilde Wellen entsprechen deinen aufgewirbelten Gedanken oder diversen Ablenkungen. Erst wenn sich alles beruhigt hat und das Wasser klar wird, kannst du deine Wahrheit auf dem Grund des Sees sehen.

Also fahr entweder weg oder geh an einem Ort, an dem du dich gut fühlst. Dieser Ort kann auch dein Zuhause sein. Jeder Mensch hat andere Kraftquellen. Du kannst das einige Tage am Stück machen oder dir einfach jeden Tag eine Stunde nehmen, die für dich gedacht ist. Ausschlaggebend ist, dass du keine Ablenkung hast. Nimm dein Handy nicht mit oder schalte es zumindest ab. Isoliere dich von allen äußeren, ablenkenden Quellen wie Medien, Fernsehen, Radio oder Menschen. Glaube mir bitte, das ist so wichtig. Vertraue mir diesbezüglich. Es gibt nichts Wichtigeres als dich und dein Leben.

Falls du Kinder oder einen Partner hast, hätten auch sie weitaus mehr von dir, wenn es dir gut geht, du strahlst und sie mit deiner Liebe durchflutest. Wenn dein*e Partner*in oder wer auch immer dir diese Zeit nicht einräumt, dann tut es mir leid, aber dann ist das nicht dein*e Partner*in.

Es kann durchaus passieren, dass sich dein Verstand kluge Vorwände einfallen lässt, warum das nicht organisierbar ist, oder du die »Aufschieberitis« bekommst, um so deine Stille nicht fühlen zu müssen. Klarheit und Wahrheit sind ein rotes Tuch, eine Bedrohung für deinen Verstand.

Suche deshalb keine Ausreden auf Basis erlernter Konzepte und Sachzwänge (Wer passt auf die Kinder auf? usw.) um zu vermeiden, dir selbst zu begegnen. Es gibt immer einen Weg!

Emotionale Umweltverschmutzung, Manipulation und Ablenkung

Grundsätzlich ist zu empfehlen, sich nicht nur im Sinne einer Findungsphase, sondern dauerhaft von emotionaler Umweltverschmutzung durch die Medien zu distanzieren.

Für manche stellt das ein großes Problem dar. Aber anhand meiner eigenen Erfahrung und der vieler anderer Menschen, mit denen ich zusammengearbeitet habe, kann ich dir sagen: Es bringt extrem viel. Mehr als man vermutet!

Ich habe früher Nachrichten geliebt. Mit Aufregung habe ich sie erwartet. Noch mehr Freude hat es mir bereitet, mir politische Streitdiskussionen anzuhören. Natürlich weiß ich aus heutiger Sicht, dass das reines Futter für mein Ego war. So wäre es unmöglich gewesen, wach zu werden. Das Ego wird dir mit Aussagen kommen wie: »Man kann doch nicht einfach sagen, mich interessiert das nicht. Das ist doch deine Pflicht und dein Recht als Bürger. Man muss doch wissen, was auf der Welt passiert.«

Man muss doch ... Ehrlich: Mir stellt es grundsätzlich die Haare auf, wenn ich so etwas höre.

Als mich die Krise durch die Trennung von meiner Frau buchstäblich überrollte, wurde ich aus dem Hamsterrad geworfen und hatte natürlich überhaupt keinen Kopf für Medien. Das Leben zwang mich dazu, mich von Medien zu distanzieren. Ich selbst hätte das womöglich von mir aus und ohne diese besondere Situation nie gemacht. Doch warum musste ich das tun?

Mein Leben war so unvorstellbar stark von gesellschaftlichen Normen, Regeln, Dogmen und Konditionierungen geprägt, die ihre Form auch durch die Medien bekamen, sodass ich das Gefühl hatte, nicht mehr atmen zu können.

Die Distanz zu Medien und jeglichen äußeren Einflüssen war das Beste, was mir passieren konnte. Damit musste ich meinen Fokus auf mich richten und bei mir bleiben. Das war die Grundlage, um bei mir anzukommen und den Aufwachprozess in mir in Gang zu setzen.

Medien lenken uns nicht nur ab, ihr Einfluss ist größer, als du vielleicht denkst. Denn das, was du in deinem Gehirn abspeicherst, kommt auch wieder raus. Das ist unabdingbar. Überlege also zweimal, ob du dir Filme und Serien reinziehest, in denen z. B. Menschen ermordet werden. Glaube mir, ich war viele Jahrzehnte ein Liebhaber von Actionfilmen und spannenden Thrillern, dieser packenden Mischung aus Gewalt und Angst. Ich weiß, wovon ich spreche.

Am meisten wird uns auf höchst subtiler Ebene ANGST ins Unterbewusstsein eingespeist. Damit bleiben wir lenkbar. Ja, ich spreche von einem ganz bewusst geplanten Steuern der Bevölkerung durch das System. Die Medien sind dafür das stärkste, einflussreichste Instrument. Ich habe Menschen erlebt, die ihren Traumberuf leben wollten, aber weil in den Medien von Altersarmut berichtet wurde, sie sich diesen Berichten aussetzten, ließen sie davon ab. Sie sind in den Verstand gesprungen, haben alle möglichen Horrorszenarien im Kopf durchgespielt und sich doch lieber für die Sicherheit und das elendige Mittelmaß entschieden. Damit blieben sie durch Angst lenkbare und unglückliche Konsumenten.

Weshalb ist es relevant, auf der Titelseite einer Zeitung Menschen davon zu berichten, dass ein Mann mit einem Messer zehn Mal auf seine Frau eingestochen hat? Verrate mir bitte den Mehrwert darin, der den Menschen nach vorne bringt. Was soll das schüren, außer Angst? Angst, um von sich selbst abgelenkt zu bleiben. Um ein braves Schaf zu bleiben. Pflegeleicht für den Hirten.

Die meisten Leute bevorzugen es, zu konsumieren, anstatt zu produzieren. Sie entscheiden sich damit für Passivität, anstatt selbst aktiv zu werden und zu leben, um ihren eigenen Film zu machen, als eigener Drehbuchautor, Regisseur und Schauspieler. Sie schauen lieber Serien und träumen davon, wie das Leben sein könnte, anstatt ihre Träume zu leben. Täten sie es, dann hätten sie schlichtweg keine Zeit mehr, sich vor die Glotze zu hängen oder in Sensationsnachrichten zu schmökern. **Wer wirklich lebt, der lebt, und er hat keine Zeit für so etwas.**

Ich kenne Hunderte Menschen, die erfüllt und glücklich leben.

Frage sie mal, ob sie regelmäßig fernsehen und sich berieseln lassen.

Sie tun es nicht. Dafür ist ihnen ihre begrenzte Lebenszeit zu kostbar.

Ich ziehe mir diese Tatsachen nicht aus dem Ärmel. Ich spreche nicht nur aus eigener Erfahrung und der meiner Seminarteilnehmer und Klienten. Mit welchen Menschen ich mich auch darüber austausche, ich bekomme von glücklichen, erfüllten und erfolgreichen Menschen immer wieder die gleichen Antworten über ihre Lebensweisen.

Spannend ist auch, dass ich von Menschen, die ihr Leben unzufrieden und frustriert irgendwie aussitzen, die entgegengesetzten Antworten erhalte. Ich verurteile nicht. Ich nehme nur wahr.

Wie gehst du damit um, was willst du ändern? Schaue dir mal achtsam deinen Medienkonsum an und entscheide selbst.

Bist du bereit, dir Zeit für dich zu nehmen und mutig, ehrlich auf dein Leben zu schauen?

Ja? Are you ready?

Lass uns dann endlich loslegen und deine Lebensbühnen abchecken.

14

SO FINDEST DU DEINE WAHRE BERUFUNG UND BESTIMMUNG

Du hast so wenig Zeit hier auf dieser Welt. Du solltest nicht auch nur einen Moment damit vergeuden, einer Tätigkeit nachzugehen, die dich anwidert oder nicht erfüllt.
Neale Donald Walsch

Herzlich willkommen bei deiner Bestandaufnahme. Ich werde in diesem Kapitel meine Erfahrungen zum Thema Berufung mit dir teilen. Am Ende stelle ich dir einige Fragen zur Selbstreflexion und stelle dir vier konkrete Übungen vor, mit denen du zuverlässig deine wahre Berufung findest.

Vielleicht kennst und lebst du möglicherweise schon deine Berufung. Dann kannst du das Kapitel gerne überspringen. Dennoch habe ich die Erfahrung gemacht, dass es auch dann sinnvoll ist, sich mit den Fragen zu beschäftigen und die Übungen zu machen. Entweder wirst du dich dadurch in deinem Wissen bestätigt fühlen und so mit noch mehr Gewissheit dieses Kapitel verlassen. Oder du findest heraus, dass du deinem Verstand in die Falle gegangen bist und dir vielleicht aus Bequemlichkeit etwas vorgemacht hast. Diese Erkenntnis käme dann für dich einem Lotto-Jackpot gleich.

Lebst du deine wahre und erfüllende Berufung?

Die Berufung hat weitaus mehr Tiefe und Bedeutung für unser Leben, als wir es erahnen.

Der Sinn unseres Daseins ist, zu uns selbst zurückzufinden und die Talente des kleinen authentischen Kindes zu leben, das wir einst waren. Erwachsen zu sein und ein lebendiges Kind zu bleiben, das bedeutet Glück. Dann sind wir authentisch und finden in unsere wahre Größe zurück. Und wie anfangs erwähnt, müssen wir dafür unsere Ängste, Widerstände überwinden.

Wir sollen in dieser Welt in die beste Version unserer selbst hineinwachsen und uns voll und ganz zum Ausdruck bringen. Dafür sind wir mit bestimmten Gaben auf die Welt gekommen.

Jeder Mensch hat ganz besondere Talente und Fähigkeiten, die kein anderer hat. Ob diese bereits wahrgenommen und genutzt werden, ist eine andere Sache. Wir können unser wahres Wesen und unsere Liebe am besten durch unsere Gaben ausdrücken. Damit beschenken wir die Welt. Wenn wir ihnen nachgehen, schwingen wir energetisch extrem hoch und sind in unserem Element. Wir vergessen die Zeit und sind im Flow. Damit sind wir erfüllt und schlendern nicht lethargisch und frustriert durch den Alltag.

Wenn du deine Talente und Träume zu deiner Mission und zum Sinn deines Lebens machst, hast du dauerhaft Erfüllung und materielle Fülle. Was so viel bedeutet, dass du deine wahre Berufung lebst und den höchsten Zweck deines Daseins erfüllst.

Damit arbeitest du nie wieder. Ich meine nicht, dass du weniger machst. Ganz im Gegenteil, vielleicht bist du viel stärker ausgelastet. Aber das ist keine Arbeit. Arbeiten bedeutet, etwas zu machen, um zu Geld, Anerkennung, etc. zu kommen.

Machst du etwas, was du liebst und auch ohne Belohnung tun würdest, dann ist das keine Arbeit. Die Tätigkeit selbst ist die Belohnung. Denn es macht dir ja Freude und du hörst um 18:00 Uhr nicht auf, dich zu freuen. Wenn ein Kind in ein Spiel vertieft ist, schaut es auch nicht auf die Uhr. Die Zeit bleibt stehen.

Dann hast du das Gefühl, in einem dauerhaften bezahlten Urlaub zu sein. So etwas wie Feierabend gibt es dann nicht mehr. Es ist dauerhaft Feierabend. Du gehst erfüllt ins Bett und kannst den Sonnenaufgang kaum erwarten, um dein Abenteuerspiel fortzusetzen. So ist das Leben gedacht. Als Spiel. Nicht dafür, sich auf drei Wochen Urlaub im Jahr zu freuen.

Sollte dir das wie eine Utopie oder idealisierte Vorstellung vorkommen, dann sprich mit Menschen, die so leben und du wirst immer dieselben Antworten erhalten.

Aber noch besser – erschaffe und erlebe es doch selbst. Das wäre doch was, oder?

Der Großteil dieser sich selbst und ihre Talente lebenden Menschen lebte zuvor ein völlig anderes Leben. Ich sage dir das, weil ich weiß, mit welchem Bullshit dir der Verstand kommen wird. Bullshit wie: »Ja, aber das sind Ausnahmen, diese Menschen sind besonders oder sie haben Glück. Ich habe nicht das Zeug dazu.«

Ich habe es sowohl bei mir selbst als auch bei unzähligen Menschen erlebt, wie viele Krankheiten und Depressionen wie von Geisterhand verschwinden, sobald man seine Berufung findet. Eine Tätigkeit mit Sinn, Spaß und Tiefe, die das eigene Wesen unterstreicht.

Zusammenfassend können wir demnach festhalten, dass wir hier sind, um zu uns selbst zu erwachen und die beste Version unseres Selbst, vor allem durch unsere wahre Berufung zum Ausdruck zu bringen.

Du lebst besser und länger

Die Zeit vergeht dann viel langsamer. Zeit ist ja nur eine subjektive Wahrnehmung. In der Schulzeit kam mir ein Jahr wie eine Ewigkeit vor. In meinem späteren Leben stellte ich fest, dass die Zeit immer schneller zu laufen schien.

Seit ich zu mir gefunden habe und in allen Bereichen ein wahres Leben lebe, mich Ängsten stelle und nicht mehr dem Komfort unterwerfe, habe ich mein inneres Kind wieder zum Leben erweckt.

Was meine ich damit?

Ich bin erwachsen und sorge für mich, aber ich lebe täglich meinen fünfjährigen, aufgeweckten, echten, neugierigen Jungen. Damit vergeht die Zeit sogar noch langsamer als in der Schulzeit. Und je älter ich werde, desto mehr verlangsamt sich die Zeit. Denn wenn du mehr Sachen erlebst, wenn mehr passiert, lebst du wahrhaftig und ein Monat ist gefühlt wie ein Jahr. Zeit ist nur ein Konzept und subjektiv. Somit lebst du ein längeres Leben.

Ein weitverbreitetes Missverständnis

Wir erleben in unserer konditionierten Gesellschaft häufig ein großes Missverständnis. Auch ich lebte eine gefühlte Ewigkeit in diesem Traum: Wir verstehen nicht, dass unsere Berufung der eigentliche Sinn unseres Lebens ist, um damit den übergeordneten und primären Sinn erfüllen zu können, uns in unsere wahre Größe zu bringen. Mit nichts können wir besser unser wahres Wesen zum Ausdruck bringen und präsentieren, wer wir wirklich sind, als mit unseren Talenten. Das ist unser Beitrag.

Viele denken, der Partner, die Kinder oder die Familie seien der Sinn. So wurde uns das eingetrichtert. Arbeit ist schlecht und nur der Rest zählt. Also ordnen Menschen ihr Leben danach. Sie fühlen instinktiv, dass irgendetwas nicht so ist, wie es sein sollte, aber gelangen dennoch nicht zur Erkenntnis oder negieren sie.

Aus diesem Grund wurde auch der Begriff »Work-Life-Balance« eingeführt. Man trennt Arbeit vom Leben und von der Freude. Das muss so sein, wenn man seine so kurze Lebenszeit mit Tätigkeiten oder Menschen verbringt, die einem zuwider sind.

Ich redete mir jahrzehntelang ein, der Sinn meines Lebens seien meine Partnerin und meine Kinder. Natürlich habe ich meine Träume diesen gesellschaftlich abgenickten Moralvorstellungen und Ansichten untergeordnet. Dies war, neben der Ko-Abhängigkeit in der Beziehung, der zweite große Grund meiner strömenden Ängste und Depressionen.

Ein riesengroßer Fehler ist es, seinen Partner zum Sinn des eigenen Lebens zu machen. Das gilt auch für die Kinder. Ich liebe meine Kinder über alles und würde ALLES für sie tun. Aber ich mache sie nicht zum primären Sinn meiner Existenz. Dies ist für jeden gesunden und bereits wirklich lebenden Menschen kein Geheimnis mehr. Das ist ein universelles Gesetz, ob man es gutheißt oder nicht. Besser gesagt – ob es unser Verstand gutheißt oder nicht. Kann sein, dass dein Verstand dir erzählt, das sei Bullshit. Dann gehe bitte dem Grund dafür nach, warum er das tut. Ist es wirklich **deine** Meinung oder vielleicht doch die Meinung anderer? Bist du wirklich **ehrlich zu dir** oder möchtest du damit etwas negieren, indem du etwas anderes zum »Bullshit« erklärst? **Ich möchte nur, dass du eigene Reaktionen tiefer in dir erforschst. Mehr nicht.**

Sein Leben für andere aufzugeben, führt dazu, dass du für die Menschen zur Belastung wirst, für die du dich aufgeopfert hast. Ein lebenslang freundschaftliches Verhältnis zu deinen Kindern ist durch ein Aufopfern für sie niemals möglich. Wenn du möchtest, dass deine Kinder frei sind, sich nicht für andere aufopfern und aus freiem Willen bis ins hohe Alter zu dir kommen, dann lebe bitte DEIN Leben.

Klar gibt es Zeiten, in denen Kinder dich brauchen.

Und natürlich sollst du dann für sie da sein. Immer. Bitte.

Davon ist nicht die Rede. Die Rede ist von einer permanenten Aufopferung und Priorisierung entgegen dem, wie das Leben gedacht ist.

Also sei für deine Kinder und deinen Partner da. Aber bitte nicht auf Kosten der eigenen Träume und Wahrheiten. Denn ein frustrierter, lethargischer Partner, Vater oder Mutter ist weder eine Freude, noch ein Vorbild, schon gar nicht eine Entlastung und geschweige denn eine Bereicherung für andere.

Erst, wenn du glücklich bist und strahlst, bist du ein Segen und Inspiration für deine Liebsten. Damit ersparst du womöglich deinen Kindern, durch dieselben Probleme zu gehen. So bleibt deine Partnerschaft lebendig.

Sich für den Partner oder die Kinder aufzugeben, ist höchster Selbstverrat. Als Krönung dazu wird noch geglaubt, damit moralisch richtig, göttlich oder tugendhaft zu agieren.

Vor allem Frauen fühlen sich im Alter oft innerlich leer. Sie können mit sich selbst nichts mehr anfangen. Ihr gesamtes Leben ist auf dem Fundament anderer Menschen errichtet. Dann werden sie genau für diese Menschen zur Last.

Glaube mir, man kann Familie und Berufung vereinen. Ja, auch als Frau. Millionen lebende Beispiele demonstrieren dies. Es gibt immer Lösungen. Einige davon bedürfen einfach einer Umstrukturierung und andere erfordern ein anfängliches »Durchbeißen«. Aber es zahlt sich aus. Und es ist möglich, solange du nicht in einem Kriegsgebiet oder Ähnlichem lebst und bei halbwegs guter Gesundheit bist.

Aber was ist mit dem Geld?

Einer der Gründe für finanziellen Mangel – neben dem falschen Umgang mit Geld und schädlichen Glaubenssätzen – ist: Menschen gehen für Geld arbeiten. Sie leben nicht ihre wahre Berufung und ihre wahren Begabungen.

Upps – wir sind damit wieder beim Punkt »wahre Berufung« gelandet. Ja, es hängt alles mit allem zusammen. Wenn du das tust, was du am besten kannst, und deiner Freude folgst, dann ist neben dir auch deine Geldtasche gesund und erfüllt. Denn du wirst in diesem Gebiet spielerisch leicht und schnell zu einem Experten und überdurchschnittlich gut. Natürlich musst du dich weiterbilden. Natürlich musst du dich in der Aufbauphase durchbeißen und durchhalten. Das ist ja wohl klar. Aber du wirst viel schneller vorankommen als manch anderer.

Wenn du sowohl Geld als auch Erfüllung und Glück haben möchtest, geht dies nur durch eine von dir geliebte Tätigkeit. Also finde das, was dein Herz schlagen lässt. Lebe es, mutig durch deine Ängste gehend, bleib dran und glaube an dich. Geld ist dann ein unvermeidbares Resultat davon.

Wer etwas lediglich macht, um zu Geld zu kommen, der dreht die Formel des Lebens um. Viele solcher Menschen kommen am Ziel an und müssen mit Bedauern feststellen, sich immer noch so zu fühlen wie zuvor. Sie sind ihren Illusionen in die Falle getappt. Illusionen darüber, dass ein zukünftiger Zustand sie glücklicher machen würde, als sie es jetzt bereits sind. Das ist nicht möglich.

Fragst du aber einen erfolgreichen, finanziell freien und **zugleich glücklichen** Menschen, was das Geheimnis all dessen ist, bekommst du sinngemäß so gut wie immer die gleiche Antwort, die da lautet: »**Ich mache einfach das, was ich liebe!**«

Geld ist ein Schlüssel zur Freiheit. Du musst keine Jobs mehr machen, die dich anwidern oder dich schlichtweg nicht erfüllen.

Ja, Geld allein macht nicht glücklich, aber um Geld und das Überleben zu kämpfen auch nicht. Wenn du ständig mit Angst an Geld denken musst, bist du im Überlebensmodus und bleibst in deiner Entwicklung auf dieser Ebene stecken. Dem Geist fehlt der Raum, sich den eigentlichen Themen des Lebens wie Freiheit, Verwirklichung und Erfüllung zu widmen.

Möchtest du finanziell frei und unabhängig sein und zugleich vor Erfüllung strahlen?

Dann führt an deiner wahren Berufung kein Weg vorbei! Es wird nicht immer der leichteste und bequemste Weg sein, aber der gesündeste, erfüllendste und echte. So wächst du über dich hinaus. Glaube mir – der bequeme Weg ist bequemer, aber dafür mittel- und langfristig garantiert der zerstörerischere und leidvollere. Es tut mir leid, dass ich dir diese Nachricht überbringen muss. Aber wisse, ich bin nur der Überbringer und habe die Struktur, wie das Leben beschaffen ist, nicht erfunden. Ich weiß, ich weiß – der Verstand hört so etwas überhaupt nicht gerne. Denn so etwas bedeutet das Übernehmen von Verantwortung, die Konfrontation mit den eigenen Ängsten, das Verlassen der Komfortzone und echtes Handeln. Du darfst mir widersprechen, mich beschimpfen – ich bin dir nicht böse. Sollte dies der Fall sein, dann überlege, ob es überhaupt sinnvoll ist, mein Buch weiter zu konsumieren. Ansonsten lass uns fortfahren …

Also – wie sieht es bei dir konkret aus?

Sobald auch nur auf eine einzige der folgenden Fragen deine ehrliche Antwort ein Nein ist – ist es nicht deine wahre Berufung, Bestimmung, der Grund, weshalb du hier bist.

Solltest du bereits deine wahre Berufung leben: sehr gut. Was wäre dann der nächste Entwicklungsschritt? Wieso nicht noch mehr für deine Tätigkeit entlohnt werden?

1. Lebst du dich und verwirklichst dich in deiner Berufung?

2. Hast du Freude bei dem, was du machst, oder wartest du auf den Feierabend und zählst die Stunden?

3. Vergisst du die Zeit, wenn du in deine Tätigkeit eingetaucht bist?

4. Würdest du diese Tätigkeit auch machen, wenn du nicht dafür bezahlt würdest?

5. Freust du dich schon auf den nächsten Tag oder zählst du die Tage bis zum Wochenende und bis zum nächsten Urlaub?

6. Spürst du einen tiefen Sinn, einen Ruf für diese Tätigkeit? Nicht umsonst steckt das Wort »Ruf« im Wort Berufung.

Nachstehend stelle ich dir vier Übungen vor, um deine wahre Berufung und Bestimmung zu finden. Für einige davon benötigst du die Fähigkeit, zu visualisieren. Falls du eher ein analytischer Mensch bist, wird dir die dritte Übung möglicherweise am meisten zusagen, sie ist analytischer Natur. Ich empfehle dir, alle Übungen zu machen und zu schauen, welche Methode dich zu Ergebnissen führt. Du kannst auch die Resultate miteinander abgleichen. Viel Spaß!

Übung 1 – Visualisierung, um deine wahre Berufung (deinen Sinn) zu finden

1. Gehe in die Stille, ohne jegliche äußere Ablenkung, schließe deine Augen und komm erst mal bei dir an. Du kannst auch gerne leise, inspirierende Musik im Hintergrund einschalten, aber keine, die dich ablenkt. Schaffe dir eine entspannte und schöne Atmosphäre.

2. Stelle dir nun vor, du brauchst dich nie wieder um Geld, Arbeit und jegliche Pflichten zu kümmern. Dir fließt immer mehr Geld zu, als du jemals ausgeben kannst. Demnach ist Arbeit ein Fremdwort für dich. Du hast jeden Tag den ganzen Tag Zeit und musst dich um nichts kümmern. Weder um Partner, Kinder, Eltern, Administration ...

Stelle dir das so lange im Geiste vor, bis du eben nicht mehr nur davorstehst und es nur siehst. Denn Achtung: Der Knackpunkt bei dieser Übung ist, wirklich mittendrin in dem Geschehen und dem Gefühl zu sein. Du musst dich in dieser Vorstellung erleben. Baue diese Übung solange auf, bis du diesen Zustand erreichst. Erst wenn du in diesen »Film« eingetaucht bist, kannst du fortfahren. Also nicht VORSTELLEN und davor stehen bleiben, sondern darin eintauchen und es FÜHLEN. Vielleicht benötigst du fünf Minuten dafür, vielleicht auch zwanzig. Ein spannender und gut produzierter Film schafft es, dich gefühlsmäßig hineinzuziehen. Dafür benötigt man jedoch auch Zeit, um sich mit den Schauspielern und Ereignissen zu identifizieren. Obwohl dir rational bewusst ist, dass es lediglich ein Film ist, weinst du, fürchtest du dich und fieberst dennoch mit. Genau diesen Zustand musst du hier erreichen. Wir wissen, es ist nur eine Übung. Aber mit guter Vorstellungskraft, Hingabe und der dafür individuell benötigten Zeit, dem passenden Moment und Ort stellt dies in der Regel kein Problem dar.

3. Wenn du nun die GEFÜHLTE Vorstellung von materieller Fülle, Freiheit und Unabhängigkeit erreicht hast, stelle dir folgende Frage:

Was werde ich den ganzen Tag machen, da ich ja weder Geld brauche noch arbeiten oder irgendwelchen Pflichten nachkommen muss? Was werde ich mit meiner Unmenge an Zeit anstellen?

***Achtung:** In vielen Fällen kommen ungelebte Sehnsüchte hoch wie »Ich werde nur mehr reisen« oder »Ich werde einfach nichts machen«. Das ist normal. In dem Fall stelle dir bitte vor, dass du auch das schon alles erlebt hast. Du hast schon die ganze Welt zigfach bereist und monate-*

lang einfach nur nichts getan. Du hast all deine Wünsche deiner Lebens-To-do Liste schon abgearbeitet und bist schon »satt«.

Vielleicht findest du deine Antworten beim ersten Durchgang der Übung. Kann auch sein, dass du einige Anläufe dafür benötigst. Es hängt sehr viel von deiner Tagesverfassung, Konzentration und Entspannung ab.

4. Deine Antworten und die Ergebnisse geben dir zuverlässig Aufschluss oder zumindest Hinweise für die wahre für dich bestimmte Berufung. Kann sein, dass einige Ergebnisse nach der Übung auf der Realitätsebene etwas nachjustiert werden müssen. Manchmal mischt sich der Verstand ein und verfärbt alles etwas. Aber vom Kern her stimmen sie immer. Denn das, was du machen würdest, wenn du all deine Sehnsüchte und Mangelthemen beseitigt hättest, ist das, was dein Herz hochschlagen lässt, was dir einen richtigen, tiefen Sinn in deinem Leben gibt und dich dauerhaft glücklich, erfüllt und gesund machen wird.

Übung 2 - Stelle dir zwei Fragen, um deine wahre Berufung zu finden

Eine weitere Alternative wäre, dich zu fragen, was du machen und ändern würdest, wenn du garantiert wüsstest, dabei nicht zu scheitern. Eine gelegentliche Schwierigkeit taucht dabei nur auf, wenn du dir nur diese Fragen stellst, ohne richtig zu visualisieren. Es bleibt alles auf der mentalen Ebene. Fehlt das GEFÜHL von der absoluten Sicherheit, können die Antworten vom Verstand mit Angst gefärbt und somit falsch sein. Aber probiere diese Alternative ebenso aus und stelle dir folgende Fragen:

1. Was würde ich machen, wenn ich vor nichts mehr Angst hätte?«

2. Was würde ich machen, wenn ich garantiert wüsste, dass alles klappt und gut geht?

Übung 3 – Analytische Übung, um deine wahre Berufung, deinen Sinn zu finden

Nun zeige ich dir eine analytische Alternative für deine Berufungsfindung.

1. Nimm dir einen Zettel zur Hand, teile ihn in zwei Spalten. Als Überschrift der ersten Spalte schreibe »Was ich wirklich gut kann«.

Oberhalb der zweiten Spalte notiere »Was macht mir echte Freude«.

2. Notiere anschließend aufsteigend die Top 3 deiner Fähigkeiten. Oft kann eine Fähigkeit in etwas verborgen liegen, das vielleicht in der Schulzeit als Nachteil empfunden wurde. So wurden die weltbesten Redner in der Schule ermahnt und kritisiert, zu viel zu quatschen.

Es lohnt sich auch, deine Freunde nach deinen besonderen Fähigkeiten zu fragen. Sie geben einem meist mehr Aufschluss darüber, denn selbst nimmst du dich anders wahr. Du erachtest deine vorhandenen Talente als selbstverständlich und nicht als besonders.

Auch ein Erinnern an die Schulzeit und frühe Kindheit kann eine Hilfestellung bieten. Ich habe, wenn ich mich erinnere, immer einen Drang zum Schreiben gehabt.

Mein erstes Buch schrieb ich mit einer klappernden Schreibmaschine im Alter von zwölf Jahren. Meine Schulaufsätze waren immer viel zu lang. Während sich Mitschüler mit dem vorgegebenen Mindestmaß einer Schularbeit von zwei Heftseiten plagten, hatte ich mit Leichtigkeit zwölf Seiten niedergeschrieben. Mit dem Nachteil, dass meine Schrift der eines Arztes ähnelte, sie war unlesbar. Aber das ist ein anders Thema.

Im Fach Deutsch war ich top. Dafür hatte ich mit Technik und Mathematik so meine Schwierigkeiten.

Theater, Bühnen haben mich immer fasziniert. Ich war bereits weitaus früher ein Musiker, als ich es erahnte. Meine Mutter erzählte mir, dass ich bereits als Vierjähriger bei jedem Restaurantbesuch mit Live-Musik verschwand. Meine Eltern suchten mich überall verzweifelt. Rate mal, wo ich jedes Mal zu finden war?

Kristian ist weg. Wo ist er? Ah, klar, bei den Musikern auf der Bühne.

Zum Künstler wird man nicht gemacht, sondern als einer geboren. Zum technischen Entwickler wird man nicht gemacht, sondern als solcher geboren. Du kannst dich mühevoll zu allem irgendwie hinackern. Machst du dies jedoch in dem Bereich, für den das notwendige Talent bereits in dir ist, wirst du glücklich und wirklich erfolgreich zugleich. Ohne dabei das Gefühl zu haben, jemals zu arbeiten.

__3.__ Nachdem du deine Top-3-Fähigkeiten gesammelt hast, führe dies ebenso mit den Top-3-Dingen durch, die dich die Zeit vergessen lassen.

Welche drei Tätigkeiten machen dir wirklich Spaß?

Notiere alles, was dir in den Sinn kommt. Vielleicht ist das Erste, an das du denkst, deine Freude am langen Schlafen. Dann schreibe es auf. Versuche, es nicht sofort direkt in den Kontext eines Berufes zu stellen. Vielleicht unterhältst du dich liebend gern mit Menschen oder liebst es zu reisen. Darin können später in Kombination mit deinen Fähigkeiten deutliche Botschaften für eine Berufssparte enthalten sein. Manchmal sind die Punkte so deutlich, dass sich der Beruf glasklar zeigt.

Du kannst dich auch fragen, was du als kleines Kind (am besten bis maximal zum siebten Lebensjahr) gerne gemacht hast. Was konntest du von morgens bis abends spielen, ohne deinen Energievorrat auszuschöpfen? Vielleicht gibt es auch jetzt etwas, was du als Spiel empfindest und ohnehin machst, ohne Geld dafür zu bekommen.

__4.__ Wenn du damit fertig bist und die Punkte in jeder Spalte durch ein Ranking platziert hast, nimm die Top-1-Fähigkeit sowie die Top 1 *deiner freudvollen Tätigkeiten zur Hand. Schon hast du entweder deinen konkreten Beruf oder einen deutlichen Hinweis für eine bestimmte Richtung zum Weiterforschen und Ausprobieren.*

Übung 4 – Visualisierungsübung für deine wahre Berufung (meine persönliche Lieblingsübung!)

1. Gehe in die Stille, ohne jegliche äußere Ablenkung, schließe deine Augen und komm erst mal bei dir an. Du kannst auch gerne leise, inspirierende Musik in Hintergrund einschalten, aber keine, die deinen Fokus an sich zieht und dich ablenkt. Schaffe dir eine entspannte und schöne Atmosphäre.

2. Denke an alle nur erdenklich möglichen Berufe und beruflichen Herausforderungen. Versuche zu erfühlen, welcher dieser Berufe dir am meisten Angst machen würde. Oft sind deine Ängste zugleich tief ersehnte Wünsche. Finde heraus, vor welcher beruflichen Tätigkeit du dich am meisten fürchtest.

Fazit: *Alles, vor dem du Angst hast, ist tatsächlich das, was du wirklich möchtest. Es ist für dich bestimmt. Dein erfülltes und glückliches Leben wartet immer auf der anderen Seite der Angst. Erinnere dich: Ich hatte Angst vor Kampfkunst und hatte genau damit am meisten Spaß und darin richtig Talent. Ebenso hatte ich Angst vor der Bühne und genau das war mein größter Erfolg. Das Sprechen vor Menschen war meine allergrößte Angst. Ich habe erfahren, ein geborener, erfolgreicher Speaker zu sein, der bereits bei den ersten Auftritten internationale Speaker-Awards mit Leichtigkeit abgestaubt hat.*

15

DEINE ERFÜLLTE BEZIEHUNG

Lebst du in deiner Beziehung Angst oder Liebe?

Ich habe in meinem gesamten Leben festgestellt, dass hinter jedem Gedanken, jeder Entscheidung und jedem Tun ganz tief immer nur die Angst oder eben die »Nicht-Angst«, also die Liebe, als Motor steckt.

Liebe und Angst sind die zwei Grundenergien des Lebens, die Fernsehprogramme, die **wir selbst jederzeit wählen** – ob bewusst oder unbewusst.

Du kannst mit deinem Partner bzw. deiner Partnerin aus dem tiefen Motiv der Liebe oder eben der Angst zusammen sein. Hier habe ich einige Beispiele vergleichend gegenübergestellt:

Motiv der Liebe (echte Liebesbeziehung)	**Motiv der Angst (Abhängigkeit bzw. Zweckgemeinschaft)**
Du möchtest deine*n Partner*in mit deiner Anwesenheit, Liebe beschenken.	Du brauchst die Anwesenheit deines Partners, du brauchst und erwartest etwas (im Gegenzug) zu bekommen.
Du liebst ihn/sie, es fühlt sich stimmig an, es herrscht eine beidseitige tiefgründige und intensive Verbindung, dieser Mensch berührt dein Herz. Was nicht bedeutet, dass es keine Reibung gibt – ganz im Gegenteil. Solange der Streit nicht den Großteil der Zeit darstellt, ist das völlig in Ordnung.	Du liebst ihn/sie nicht oder bist dir diesbezüglich nicht sicher. Es fühlt sich eng und dunkel anstatt weit, offen und hell an. Er/sie berührt nicht dein Herz, es wird eine oberflächliche firmenartige Kooperationsgemeinschaft gelebt, in der jede/r seine Aufgaben hat, gut funktioniert, gelegentlich gibt es auch mal eine schnelle, oberflächliche Umarmung.
Du brauchst ihn/sie nicht zum Leben (weder finanziell, noch emotional). Du lebst eine gesunde Autonomie und kannst unabhängig für dich sorgen ohne Mama- oder Papa-Ersatz.	Du bist mit ihm/ihr entweder in emotionaler Abhängigkeit verstrickt (»Ich brauche dich«, »Ohne dich hat mein Leben keinen Sinn«, »Ich habe Angst, alleine zu wohnen« etc.) oder z. B. in finanzieller Abhängigkeit.
Dir geht es alleine so gut und dein »innerer Eimer« ist derartig voll, dass du dein Glück mit jemandem teilen möchtest.	Du fühlst dich innerlich leer und glaubst, erst dein*e Partner*in könnte nachhaltig erreichen, dass du dich voller, wertvoller und ganz fühlst. Er/sie könnte machen, dass es dir mit dir selbst besser geht.
Du hast eigene Freunde, ein eigenes Leben – einen eigenen SINN.	Dein*e Partner*in ist der Sinn deines Lebens. Ihr habt nur gemeinsame Freunde, nur gemeinsame Ziele, nur ein gemeinsames Bankkonto, jede Individualität geht verloren (Verschmelzung/Symbiose).
Ihr habt ein intaktes Sex- und Gefühlsleben. Du lebst voll und ganz dein Frau-/Mannsein und der Strom der Polarität fließt in die richtige Richtung.	Sex, Zärtlichkeit, tiefe Gefühle sind ein Fremdwort. Du glaubst an das weitverbreitete Märchen, es sei normal, dass Sexualität, Liebe, die Tiefe der Beziehung ab einer gewissen Zeit extrem nachlassen oder gar enden.
Der einzige Grund, weshalb du mit deinem Partner bzw. deiner Partnerin zusammen bist, ist er/sie selbst.	Du bist mit ihm/ihr zusammen aus Angst vor Einsamkeit – vor allem im Alter, davor, keinen besseren Partner zu finden oder ewig Single zu bleiben, niemanden zu haben, der auf dem Totenbett deine Hand hält.

So, jetzt erst mal durchatmen und das verdauen. Sorry, dass ich gleich mit der Tür ins Haus gefallen bin, aber du kennst mich mittlerweile. Ich werde jetzt alles genauer beleuchten.

Enges Bewusstsein zerstört Beziehungen

Wir haben in den letzten Jahrhunderten partnerschaftliche Beziehung als ein Konzept gelebt, das uns vollständig macht. Vollständiger als wir uns allein, in Beziehung mit uns selber, fühlen. Aus dieser Idee heraus ist der hirnrissige Begriff »meine bessere Hälfte« entstanden. Das impliziert, dass ich allein, so wie ich auf die Welt gekommen bin, nur eine Hälfte bin, eben nicht ganz. Jeder darf leben, wie er will, und deshalb ist dieses alte Konzept auch weder falsch noch richtig. Ich selbst habe ja auch viele Jahre solch ein Konzept gelebt. Problematisch wird es allerdings, wenn »meine bessere Hälfte« nicht mehr meine Spielregeln und Erwartungen befolgt.

Niemand spiegelt dir im Spiegel des Lebens klarer und direkter deinen Glauben über dich wider als ein*e Partner*in, weil ihr miteinander verbunden seid. In den ersten Monaten der Verliebtheit spiegelt man sich gegenseitig ausschließlich die Sonnenseiten wider. Demnach könnte man sagen, dass man sich eigentlich in sich selbst verliebt, lediglich gespiegelt durch den Partner. Nach der Verliebtheitsphase verliert man die rosarote Brille und beginnt, sich gegenseitig auch die Schattenseiten widerzuspiegeln.

Mit dem richtigen Bewusstsein kann dann eine Partnerschaft zu einer echten Chance für die persönliche Weiterentwicklung werden. Das ist der wahre Sinn einer Beziehung. Sie ist ein Turbobooster für den persönlichen Wachstumsprozess. Natürlich vertieft sich die Partnerschaft selbst durch diesen Prozess auch.

Leider wird das aber nur von sehr wenigen wachen Menschen erkannt; stattdessen fallen viele in die Projektion. Sobald ihr beginnt, euch Schattenthemen widerzuspiegeln und um die Ohren zu werfen, beginnt der Krieg. Denn wir haben ja von klein auf gelernt, wir würden die Verantwortung dafür tragen, andere glücklich zu machen, wir seien für die Gefühle des anderen zuständig und auch verantwortlich. Jetzt zieht ihr den »Spiegel« (also den Partner/die Partnerin) zur Rechenschaft. Beide Partner - als verletzte kleine Kinder in erwachsenen Körpern - beginnen, den jeweils anderen Spiegel zu beschuldigen. Ihr glaubt, der Partner, der die Anteile in euch schmerzhaft widerspiegelt, die ihr euch weigert anzunehmen, sei die Ursache für den dadurch in euch ausgelösten Schmerz.

Dafür ist die Partnerschaft gedacht. Gegenseitiges Wachstum! Und nicht dafür, den Menschen, den ich liebe, für die Ursache des IN MIR ausgelösten Schmerz zu halten. Du könntest dich für die Sichtbarmachung deiner Themen und Gefühle bedanken und sie endlich gesundlieben und heilen. Wie das geht, hast du bereits im Kapitel der Selbstliebe gelernt.

Manche hauen den »Spiegel« kaputt, andere wiederum tauschen ihn gegen einen anderen aus, durch einen neuen Partner. Und welch Ironie des Schicksals: Der neue Partner beginnt, irgendwann nach der Verliebtheitsphase, das Gleiche widerzuspiegeln wie der vorherige, ausgetauschte Partner. Es kann nicht anders sein, weil ja immer noch dieselbe Person in den Spiegel schaut. Und so geht das in einer endlosen Schleife weiter. Es bilden sich jetzt gerne Glaubenssätze, dass es keine guten Partner mehr gibt und alle Männer oder Frauen gleich sind …

Viele der Partnerschaften gehen so unnötigerweise kaputt. Das war, ist und wird immer die Substanz von Krieg sein. Die Illusion, etwas oder jemand im Außen sei für meine Gemütslage verantwortlich. Das zu erkennen, die Augen aufzumachen und das zu verändern, führt zum Erwachen und Erwachsenwerden. Alles andere sind die Programme eines verletzten Kindes, das sich bereits selbst verloren hat.

Wir halten das für Liebe …

Aus unserer Beziehung zu unseren Eltern haben wir gelernt, die Liebe auf die Erfüllung von Erwartungen anderer zu reduzieren. Also glaubten wir, das sei Liebe.

Aber Liebe fängt da an, wo Bedingungen aufhören. Erst wenn du vom anderen nichts mehr brauchst, loslassen kannst und ihn nicht für das Stopfen irgendeines Mangels in dir missbrauchst, erst dann kannst du ihn lieben. Alles andere ist Abhängigkeit und somit Angst. Angst ist das Gegenteil von Liebe. Wo Angst und

Dunkelheit herrschen, können nicht zur selben Zeit Liebe und Licht sein.

Erst die Unabhängigkeit und Selbstverantwortung erzeugen bedingungslose Liebe zu sich selbst. Und nur dann bist du in der Lage, auch den Partner bedingungslos zu lieben. Nur dann.

Alles beginnt mit der Motivation und Intension, mit der du in diese Beziehung gehst. Sehr wenige Menschen, um nicht zu sagen, die wenigsten, leben keine echten Liebesbeziehungen.

Papa-Mama-Beziehungen

Ich dachte auch viele Jahre, es wäre ein starker Ausdruck von Liebe, wenn gesagt wird: »Ich brauche dich und kann ohne dich nicht leben!«

Heute stellt es mir bei dieser Aussage die Haare auf! Weil das pure Angst ist. Die meisten Menschen halten sich noch unbewusst für ein abhängiges kleines Kind und stülpen dem Partner bzw. der Partnerin die Vater- oder Mutterrolle über. Ich selbst habe viele Jahre meiner Frau die Mutterfigur übergestülpt. Ich weiß, wovon ich spreche.

In solchen Angst-Beziehungen geht das Paar einen Deal miteinander ein, ähnlich einer geschäftlichen Beziehung. Beide kümmern sich gegenseitig um die emotionalen Wunden des anderen und die Tätigkeiten werden verteilt (wer bringt das Geld nach Hause, wer macht die Hausarbeit ...). Wie eine gute Firma. Eine Verbrauchergesellschaft, die sich gegenseitig verbraucht. Denn Angst verbraucht sich. Liebe kann sich nicht verbrauchen. Liebe ist ein gebender Akt und verlangt nichts. Liebe ist eine Ressource, die mehr wird, je mehr du davon gibst.

Weshalb herrscht dann der weit verbreitetet Glaube, dass sich die Liebe in Beziehungen abnutzt? - Ganz einfach: Weil derartige Angst-Beziehungen mit echten Liebesbeziehungen verwechselt werden.

Erst, wenn es dir mit dir selbst so gut geht und du dein Leben feierst, in dich verliebt bist, dich nach niemand anderem mehr sehnst – erst dann kannst du deine*n Partner*in auf deine Reise mitnehmen und sie oder ihn beschenken. Ihn oder sie wirklich lieben. **Dann erst bist du bereit für eine Beziehung.**

Das ist der Grund für unzählige Affären. Oder wir nutzen die Beziehung als Elternersatz und stillen damit unser Sicherheitsbedürfnis. Möglicherweise erinnert das Köcheln der Suppe im vertrauten Heim uns an einen Kindheitsmoment des Elternhauses. Wir missbrauchen die Beziehung, um uns Sicherheit und Geborgenheit zu holen. Damit verbrauchen wir uns gegenseitig. Und das Abenteuer, wo bleibt das? Das holen wir uns mittels Affären. Zuhause die Geborgenheit – und das Abenteuer findet sich im Außen.

Sobald man eine echte Liebespartnerschaft führt, kommt man nicht mal im Ansatz auf die Idee, über eine Affäre nachzudenken. Eine echte Liebesbeziehung ist so tief, sowohl spirituell als auch sexuell, dass es dafür keinen Raum mehr gibt. Sich selbst kennenzulernen ist schon Abenteuer genug und würde den Rahmen dieses Lebens sprengen. Stelle dir vor, du hast noch einen zweiten Partner, den du in der Tiefe erfahren möchtest … Das passt in ein Leben nicht hinein. Angst-Beziehungen hingegen sind oberflächliche Partnerschaften.

Ich habe Menschen kennengelernt, die felsenfest davon überzeugt waren, von ihrer sexuellen Ausrichtung her polygam zu sein. Sie lebten eine offene polygame Beziehung. Andere wiederum verheimlichten ihren Wunsch nach wechselnden Sex-Partnern mittels Affären und Seitensprüngen. Als irgendwann eine **echte** Liebe in das Leben dieser Menschen kam, mussten viele von ihnen feststellen, dass der zuvor ständige Wechsel der Sex-Partner eigentlich ein Ausgleich und Ersatz für ihre innere Leere gewesen war. Der Verstand erzählt einem, man sei polygam oder sei halt so vom Typus her. Ich sage nicht, dass Monogamie oder Polygamie richtig oder falsch sind. Ich nehme nur wahr, dass sich Menschen ordentlich in ihrer eigenen Wahrnehmung täuschen können.

Warum sind Angst-Beziehungen eine kindliche Strategie, um Schmerzen zu vermeiden?

Gemeinsam richten wir uns meist bequem ein und vermeiden damit, unsere kindliche Angst zu fühlen. Wir stopfen uns gegenseitig unsere Löcher, nicht wissend, damit in Wirklichkeit die eigene Heilung zu sabotieren. Verlässt einen dann der Partner, bekommen wir tsunamiartig aufs Neue die eigene innere Leere zu spüren. So, als ob einem jemand das Pflaster von einer nicht geheilten Wunde abreißt. Wir haben jemand anderen zu unserem Pflaster gemacht, anstatt es selbst für uns zu sein. Wir spüren erneut die alten kindlichen, nicht gefühlten und angenommenen Schmerzen. Der konditionierte Verstand hält dann den Partner, also das Pflaster, für die Ursache dieser Wunde. Er hält den anderen für den Grund des sogenannten Liebeskummers und projiziert. Liebeskummer ist aber nichts anderes als erneutes Hochkommen alter, eigener, ungelöster Themen.

Alles nur zum Wohle der Kinder ...

Zu einem Thema möchte ich ganz klar meine Meinung äußern. Viele Menschen harren in unerträglichen Beziehungen und Verhältnissen aus mit der Begründung, damit ihre Kinder schonen zu wollen. Das ist das Brutalste und Egoistischste, was man seinen Kindern antun kann. Dem Kind die Schuld und passive Verantwortung für einen elendigen Zustand überzustülpen. Schrecklich.

Was passiert tatsächlich?

Im Irrglauben, unseren Kindern etwas Gutes zu tun, wenn wir das Bühnenspiel der glücklichen Ehe aufrechterhalten, schaden wir ihnen enorm. Denn Kinder haben noch einen ausgeprägten Instinkt, ihnen können wir kein Theater vorspielen. Sie spüren auf tiefster Ebene jede Unwahrheit.

In einem kaputten und inakzeptablen Zustand dennoch als Paar zusammenzubleiben, suggeriert dem Kind seine eigentliche Haltung zu sich und zum Leben. Kinder lernen ausschließlich durch das Vorbild und nicht durch Worte. Also übernimmt das Kind genau die gleiche Haltung. Es hat Eltern, die ihm Angst, Mutlosigkeit und Selbstverrat vorleben. Abgesehen davon, dass sich Spannungen zu Hause ohnehin negativ auf den Zustand des Kindes auswirken.

Eine mutige Trennung auf Augenhöhe, in der beide erwachsenen Elternteile auch wirklich erwachsen bleiben, ist weitaus gesünder. Das Kind wird keinem Dauerstress ausgesetzt. Ich spreche von Spannungen, die es immer unbewusst spürt. Dafür müssen nicht immer buchstäblich die Fetzen fliegen. Außerdem lernt das Kind durch das Vorleben seiner Eltern, immer seiner eigenen Wahrheit zu folgen und zu sich nett zu sein. Wenn dann im Leben des Kindes ein Zeitpunkt kommt, an dem es eine Entscheidung fällen muss, wird es zu einer Lösung gelangen. Aber zu keiner Lösung, die den Selbstverrat bedeutet. Die Trennung der Eltern wird natürlich einige Zeit für Schmerzen sorgen. Wenn korrekt damit umgegangen und dem Kind klar vermittelt wird, dass sich keiner der beiden Elternteile von ihm trennt, es auch nicht schuld daran ist, sondern es ausschließlich um beide Erwachsenen geht, ist das langfristig die einzig gesunde Lösung. Es gibt ausreichend Profis, die Familien helfen, bestmöglich mit einer Trennung in Bezug auf die Kinder und die Elternschaft umzugehen.

Ich erlebe es so oft, dass die Schwelle längst überschritten ist und eine kaputte Beziehung überdehnt wird. Aus Mutlosigkeit halten die Menschen diesen Kampf, Zwang und Krampf so lange im »rotem Bereich«, bis schließlich echter gegenseitiger Hass entsteht. Der Krieg ist eröffnet, weil keiner in der Lage war, die Trennung erwachsen, liebevoll und in Frieden abzuwickeln.

Kompromisse und Einschränkungen

Vielleicht läuft es ja nicht schlecht, nur verlangt die Beziehung, dass du deinen Traum, deine Berufung aufgibst. Oder du darfst deinen Traum nur zu einem Drittel oder zu einem gewissen Prozentsatz leben. Möglicherweise denkst und glaubst du sogar, dafür dankbar sein zu müssen. Dankbar für einen so tollen Partner, der dir bisschen Auslauf gewährt. Wie einem Hund.

Bist du der Überzeugung, es sei wichtig, in Beziehungen Kompromisse einzugehen?

Ein gemeinsamer Konsens oder besser Absprachen – ja! Zwei Menschen in einer Beziehung müssen immer Absprachen treffen. Aber nicht, wenn du deine Grundwerte und Träume dadurch verrätst. Ein Kompromiss, ob ihr euch um vierzehn oder siebzehn Uhr trefft, ist okay. Ob ihr einen Urlaub in Thailand macht und dafür den anderen in Griechenland, ist auch okay. Aber Kompromisse, die deine wahre Natur leugnen und deine Lebensaufgabe sabotieren, darfst du niemals eingehen!

Denn deine Hauptlebensaufgabe ist deine Berufung. Deine Selbstverwirklichung. Wenn du – konditioniert erlernt – glaubst, an allererste Stelle Kinder oder Partner stellen zu müssen, ist es okay. Aber damit stellst du dich selbst an letzte Stelle und verrätst dich. Darauf habe ich bereits im vorherigen Kapitel aufmerksam gemacht.

Wenn du zu Hause bei deinen Kindern nur körperlich und schlecht gelaunt anwesend bist, weil du mit den Gedanken in deinem nicht gelebten Abenteuer steckst, werden sie das spüren. Du bist also nicht zwangsläufig eine gute Mutter oder ein guter Vater, weil du den größten Teil deiner Zeit zu Hause verbringst.

Mit einem Partner oder einer Partnerin, den/die du liebst und der/die dich liebt, der/die selbst seine/ihre eigene Berufung und Gaben lebt und nicht die Familie zu seinem/ihrem Lebenssinn gemacht hat, wirst du immer gemeinsame Lösungen finden. Immer. Sofern nicht dabei die Grundwerte des einen oder anderen Partners verletzt werden! Wer will, findet Lösungen, wer nicht will, findet Ausreden.

Oft stehen aber einfach die Werte zweier Menschen in viel zu großem Widerspruch zueinander. Sie versuchen, krampfhaft und schmerzhaft, zusammenzubleiben. Weil »man« es halt so macht oder »es sich so gehört«. Konditioniert erlernt, glauben wir, dass es normal sei, die eigenen Werte (und damit sich selbst) zu beschneiden, um eine physische Beziehung zu einem anderen Menschen aufrechtzuerhalten. Als Kinder mussten wir dies schließlich auch für unsere Beziehung zu Mama und Papa tun. Das sitzt uns noch tief in den Zellen.

Also, gemeinsame Nenner sind okay. Aber wenn ein Wert und ein wichtiges Lebensmotiv des einen Partners beispielsweise *Reisen* ist und der andere Partner gerne *zu Hause* bleibt, dann ist weder das eine noch das andere richtig oder falsch. Es sind lediglich Werte, die nicht zusammenpassen. Denn eine Anpassung würde verlangen, dass einer verzichten oder sich anpassen muss. Lässt sich das so arrangieren, das beide ihren Raum haben, wo sie sich und ihre Werte leben können, kann es gelingen.

Ich kann schon aufkommende Verallgemeinerungen und Glaubenssätze des Verstandes von dem ein oder anderen Leser hören: Ja, aber das Leben ist halt kein Wunschkonzert! Wenn man eine Beziehung, Familie mit Kindern haben möchte, kann nicht jeder machen, was er will. Man muss sich nun mal einschränken. Und wo kämen wir hin, wenn alle das machen, was sie möchten?

Ich könnte noch stundenlang weitermachen. Das alles sind Glaubenssätze und Überzeugungen, die meist nicht die eigenen sind. Sie wurden von außen übernommen.

Mache dir klar, dass du nur etwas verändern kannst, was innerhalb deiner eigenen Glaubensgrenze liegt. Wenn du glaubst, das Leben sei kein Wunschkonzert, dann wirst du es haargenau so erleben. Wenn du glaubst, etwas sei nicht möglich, dann werden dein Kopf und das Leben dafür sorgen, dir deine Überzeugungen zu bestätigen.

Wie sieht es bei dir konkret aus?

Nimm dir Zeit und Ruhe und mache eine ehrliche Bestandaufnahme die Ist-Situation deiner Beziehung betreffend. Fühle in dich hinein, glaube ***nur deinem Herzen*** *und nicht mir, dem Nachbarn, der besten Freundin ... Ich gebe dir nur Denkanstöße und vermittle dir meine Wahrheit. Meine Wahrheit, die ich aus meiner jahrelangen Erfahrung beziehe. Du musst deine Wahrheit finden.*

Sei mutig und ehrlich zu dir und versuche nicht, dir selbst etwas vorzumachen. Rede deine Partnerschaft weder absichtlich schlecht noch gut. Nimm die Dinge einfach so auf, wie sie sind, und schaue, ob sie für dich stimmig sind.

Stell dir vor, du hättest vor NICHTS mehr Angst und wärst sowohl emotional als auch finanziell vollkommen frei. Wie würde dann deine Soll-Situation ausschauen? Vergleiche anschließend deine Ist-Situation mit deiner Soll-Situation. Schau dir die Diskrepanz an. Somit weißt du sofort, ob alles wunderbar ist, so wie es ist, und deiner Herzenswahrheit entspricht, oder ob dein Leben nach Veränderung schreit.

Aber Achtung: Pass in dieser Bestandaufnahme deiner Beziehungssituation auf, dass du nicht das Thema mit den Werten, Kompromissen und der echten gefühlten Liebe mit der Projektion verwechselst. Es kann durchaus sein, dass du eine tiefe Verbindung zum Partner verspürst, du ihn aber aus einem schlafenden Bewusstsein heraus für in dir ausgelöste Gefühle beschuldigst. Unterscheide, ob es sich wirklich um Werte, Zweck, Abhängigkeit, unzumutbare Zustände und Ausreden handelt. Oder ob dir dein Partner einfach unbequem ist, weil er deine eigenen kindlichen Wunden widerspiegelt. In dem Fall solltest du dich zuallererst um dich kümmern und nicht den Partner dafür verantwortlich machen.

Doch sollte in deiner Beziehung alles wunderbar sein, dann freu dich und hake das Thema Partnerschaft einfach ab.

16

UND WAS JETZT? DIE ANGSTPYRAMIDE!

Wie geht´s dir?

Ich hoffe sehr, du hast nun Klarheit darüber, wo du stehst und wo du hinwillst. Klarheit über die eigene Wahrheit ist ausgesprochen wichtig. Ohne sich klar darüber zu sein, wo du hinmöchtest, bist du kein aktiver Spieler im Spiel des Lebens. Du lässt dich von Fremdeinwirkungen treiben.

Jetzt sind wir an dem Punkt angelangt, an dem du in die Umsetzung deiner Erkenntnisse und das Wissen, wie du das tun kannst, gehen solltest. Das ist der Meilenstein in diesem Prozess, an dem die meisten Menschen allerspätestens stecken bleiben.

All deine Ängste, denen du auf dem Weg in dein Traumleben begegnest, gilt es nun zu überwinden. Sie wurden dir vom Leben als Hürden und Preis platziert, um dir die Erfahrung zu ermöglichen, dass du sie überwinden kannst und damit über deine wahre Größe hinauswächst. Ein Spiel ohne Spannung, Hindernisse und Ziele ist doch kein Spiel.

Alles, was du bereits über deinen Soll-Zustand herausgefunden hast, sei es beruflicher oder privater Natur, sollte jetzt realisiert werden. Ich kann es sehr gut verstehen, dass die Vorstellung der Umsetzung deines Soll-Zustandes wahrscheinlich unbeschreibliche Gefühle von Angst und Zweifel in dir aufkommen lässt. Glaube mir, ich verstehe dich wirklich.

Möglicherweise musst du nicht alles umwerfen, sondern nur einiges verändern. Manchmal lösen sich Probleme von selbst, wenn du deinen Blickwinkel veränderst. Vielleicht betrachtest du ja deine Arbeit, deinen Chef oder deinen Partner im Anschluss an dieses Buch aus einer anderen Perspektive und findest Lösungen.

Sofern in deiner Partnerschaft echte Liebe vorhanden ist, aber das Problem womöglich darin bestand, dass dir bis jetzt Begrenzungen und Erwartungen auferlegt wurden, solltest du natürlich versuchen, mit deinem Partner Lösungen zu finden. Aber bitte, ich sag's noch mal – Lösungen, die nicht deinen wahren Kern beschneiden.

Viele Situationen, Spielfelder und Umstände müssen komplett verlassen werden, da sehr viele Menschen ein Leben in Selbstverrat leben und dieser Selbstverrat so weit gegangen ist, dass jegliche Lösungen und »Reparaturen« ausbleiben.

Nehmen wir an, du bist vom Wesenskern her ein kreativer Mensch, liebst Freiheit, Selbstbestimmung und freie Gestaltung. Du arbeitest aber bisher als Finanzbuchhalter in einem öffentlichen Amt. Hier wird es nicht gerade allzu viele Möglichkeiten geben, deine Wahrheit, dein wahres Wesen kreativ auszudrücken und zu verwirklichen. Hier kannst du im Sinne deiner Selbstliebe und Selbstachtung nur diesen Job verlassen. Denn diese Ist-Situation wäre so weit entfernt von deiner Soll-Situation, dass es unmöglich ist, in ihr verbleibend wirklich etwas Solides zu verändern.

Es gibt Persönlichkeiten, die es leichter schaffen, einen radikalen Schnitt simultan in allen Bereichen durchzuziehen, falls dies überhaupt notwendig ist. Es kommt darauf an, wie intensiv du neben deiner Wahrheit gelebt hast. Für manch andere Menschen ist es wiederum sinnvoll, alle Veränderungen nacheinander durchzuführen. Wenn du dich nacheinander mit deinen Ängsten konfrontierst, ist der Druck der Welle geringer und leichter zu verdauen. Beginne also mit einer Sache, sollten deine Zweifel so groß sein, dass sie dich fast schon lähmen. Dadurch hast du einerseits die Zeit, alles zu »verstoffwechseln« und andererseits bekommst du durch das Freiheitsgefühl, das du durch die Überwindung der Hindernisse bekommst, eine Motivationsspritze für den nächsten Schritt.

Schreibe dir auf, was und wie alles zu verändern ist. Beschreibe es so konkret wie nur möglich. Dann entscheide, ob du es simultan oder nacheinander durchführen möchtest. Aber bitte nicht im Abstand von Jahren: Ich spreche von Wochen oder maximal wenigen Monaten. Denn es hat so viele negative Konsequenzen, z. B. für deine Gesundheit, wenn du Notwendiges ewig nach hinten verschiebst.

Übung:

Bringe eine To-Do-Liste in Form einer ***Angstpyramide*** *auf ein Papier. Zeichne dafür eine Pyramide auf. Notiere ganz unten die Aufgabe, vor der du am wenigsten Angst hast. Jene Angst von allen, die du am ehesten angehen könntest. Auf der nächsthöheren Pyramidenebene notierst du die Aufgabe, die an zweiter Stelle der Angstintensität steht. So führst du das aufsteigend weiter bis hin zur Spitze der Pyramide. Dort platzierst du deine größte Aufgabe bzw. Angst.*

Würdest du sofort mit der Überwindung der Spitze, also deiner allergrößten Angst, anfangen, kann das eine weitaus schnellere, aber auch intensivere Überwindung darstellen. Krisen zwingen uns meist zu solchen radikalen Aktionen. Wenn du eine Persönlichkeit hast, die trotz großer Angst gerne Risiken eingeht, kann dies sinnvoll sein. Warum alles ewig lang ausdehnen und kostbare Lebenszeit sowie Energie vergeuden? Solltest du dich hingegen bisher selten oder nie Herausforderungen gestellt haben, empfehle ich dir, mit der kleinsten Angst zu beginnen. Denn jetzt wirst du den Prozess des Desensibilisierens und das magische Dreieck kennenlernen und verstehen, was passiert, wenn du deine Ängste überwindest. Du kommst in das Vertrauen und in die Lage, dich leichter der nächsthöheren Herausforderung zu stellen.

Ein Beispiel einer solchen Pyramide:

Einen weiteren Trick zur Angstpyramide stelle ich dir im nächsten Kapitel vor.

17

DER TRICK MIT DER FRIST — SO TRICKST DU DEINEN VERSTAND AUS

Wir setzen gleich da an, wo wir aufgehört haben – bei der Angstpyramide. Nehmen wir an, dein Traum, Wunsch oder Plan besteht darin, ein eigenes Business aufzubauen. Doch dich halten einige Ängste davon ab. Eine dieser Ängste betrifft das Gehen in die Sichtbarkeit und Öffentlichkeit. Ich habe vieler solcher Fälle bei der Arbeit mit Menschen und war selbst auch davon betroffen.

Mich plagte früher die lähmende Angst vor der öffentlichen Sichtbarkeit. Also ordnete ich mich viele Jahre dieser Angst unter. Ich habe sie vermieden. Eine typisch kindliche, erlernte Vermeidungsstrategie meines Verstandes. Und so startete ich kein Business, stellte keine Website online, vermied es, meine Träume und Wünsche auszuleben, Menschen zu helfen, schrieb keine Bücher. Die Angst hielt mich klein und fern von meinem echten, für mich bestimmten Leben. Natürlich mussten mein Körper, meine Seele streiken und mir Botschaften in Form von Ohrfeigen geben, die Depression ließ nicht lange auf sich warten.

Aber ich habe mich nach und nach mit allen Ängsten konfrontiert und kam Stück für Stück meinem wahren Leben näher. Dabei habe ich einen »Trick« herausgefunden, der ausgezeichnet funktioniert. Dieser Trick ist eine Ergänzung der Angstpyramide aus dem vorigen Kapitel.

Der Trick:

Ein hundertprozentiges Gehen in die Sichtbarkeit mit Website, Social Media, Büchern usw. wäre eine zu große Herausforderung für mich gewesen. Also biss ich die Zähne zusammen und erstellte erst mal NUR eine Website – ohne Fotos, Name und Adresse meinerseits, ohne Social Media. Es war richtig beängstigend für mich. Ich konnte einige Nächte nicht schlafen, war unruhig, konnte mich nicht konzentrieren. Zweimal saß ich am Computer und wollte den Knopf drücken, um die Website wieder offline zu stellen. Doch dann kam mir eine Idee.

Ich setzte mir eine Frist und vereinbarte mit mir selbst, noch für genau drei Wochen durchzuhalten. Sollte der letzte Tag der dritten Woche vorbei sein und ich mich noch immer so fühlen, versprach ich mir, die Website sofort abzumelden. Plötzlich verringerte sich der Druck. Was war passiert?

Sobald dein Gehirn weiß, dass dein Leiden befristet ist, steigen deine Kraft und die Motivation, um durchzuhalten. Das Leid wird nämlich absehbar und kalkulierbar. So etwas gefällt deinem Verstand. Damit trickst du ihn erfolgreich aus.

Also nahm ich diese befristete Herausforderung an. Blieb in der Angst stehen und hielt sie aus. Das war wie ein Gefühl eines Entzugs. Der Entzug von vermeintlicher Sicherheit und der Vermeidung der Angst. Von der Sucht nach der Sicherheit, danach, nicht zu scheitern, nicht abgelehnt zu werden, nicht kritisiert zu werden. Mein einziges Licht im Tunnel und mein geistiges »Backup« war die Frist.

Nach ein paar Tagen wurde die Angst schwächer. Bereits nach einer Woche spürte ich die Zuversicht, es schaffen zu können. Gegen Ende der zweiten Woche hatte ich bereits die Freiheit und

Freude der überwundenen Angst und Verwirklichung meines Traumes gekostet und es kam für mich keineswegs mehr in Frage, die Website aufzugeben. Ich konnte mir nicht mehr erklären, wieso ich wegen so etwas dermaßen in Angst gewesen war. Es war für mich unverständlich, dass ich mir um ein Haar selbst meinen Weg versperrt hätte.

Die nächstgrößere Herausforderung bestand darin, die Website sinnvoll und nutzbar zu machen. Jetzt ging es darum, Fotos und meinen Namen online zu platzieren. Die nächste Etappe der Überwindung! Ich setze mir dafür wieder eine Frist. Bis ich schlussendlich nach fast drei Monaten eine vollständige Website aufgebaut hatte, samt Social Media und allem, was dazu gehört.

Hinsichtlich der Angst vor Öffentlichkeit habe ich die Überwindung meiner Ängste einfach in Etappen eingeteilt und mir dafür überschaubare Fristen gesetzt.

Keine Fristen von vielen Monaten oder Jahren (das ist Aufschieberitis – auch nur eine Strategie, um die Angst zu meiden), sondern von maximal ein paar Wochen. Damit hatte ich nicht nur einen meiner größten Träume in Gang gesetzt, sondern zugleich eine meiner größten Ängste überwunden. Ein gelebter Traum wurde wahr und gleichzeitig spürte ich ein Gefühl von Freiheit und Glück und gewann das Selbstvertrauen, größer als meine Angst zu sein. Ist doch geil, oder?

Je größer deine Angst ist, desto größer ist das Geschenk, die Belohnung dahinter.

Wie schaut es bei dir aus?

Finde heraus, ob du überhaupt, und wenn ja, bei welcher Angst, diesen Trick anwenden willst. Bei allen anderen meiner Ängste bin ich direkt hineingesprungen. Und das solltest du auch, wann immer es dir möglich erscheint. Es geht so viel mehr, als wir erahnen. Wir sind zu so viel mehr fähig.

Im Grunde genommen hast du schon alles von mir bekommen, was du brauchst. Dieser Trick soll dir lediglich als weiteres Werkzeug dienen. Er ist eine ergänzende Hilfe, um einerseits die Bereitschaft und den Mut aufzubringen, den Sprung in deine Angst zu wagen, und andererseits die Geduld und Kraft zu finden, um nicht vorzeitig einen Rückzieher zu machen und aufzugeben.

18

WANN KOPF – WANN HERZ?

Viele Menschen, mit denen ich arbeite, fragen mich, was denn der Kopf, unser Verstand, überhaupt für einen Sinn hat, wenn er scheinbar alles in unserem Leben vermasselt und uns ins Unglück führt. Das kann ich dir verraten, es ist einfach.

Dabei muss ich kurz etwas ausholen: Dein Herz (inneres Kind, Intuition) weiß immer, was für dich stimmt und was nicht. Das Problem dabei liegt nicht darin, dass du keine Signale erhältst, sondern darin, dass du sie nicht hörst, sie missachtest oder missdeutest. Wenn du dein Herz auf deine Führungsebene stellst und alle wichtigen Lebensentscheidungen von dort aus triffst, hast du schon gewonnen, ganz egal, ob es der richtige Partner ist oder der richtige Job.

FÜHLE (nicht denke!), ob sich eine Entscheidung rund anfühlt. Verwechsle dabei nicht das Gefühl von Angst mit Unstimmigkeit. Angst ist ein gutes Zeichen, dass die Entscheidung stimmt. Eine gute Entscheidung fühlt sich homogen und rund, einfach stimmig an und darf auch Ängste schüren. Eine falsche Richtung fühlt sich eckig, wellig, kalt, wackelig, künstlich an – OBWOHL du dabei keine Angst spürst. Also fühle und nimm dir Zeit. Die innere Stimme ist leise – denk an die Metapher mit dem See. Stimmigkeit wirst du lernen. Dein inneres Kind wird, je mehr du

Beziehung zu ihm aufbaust, sehr schnell gefühlte Infos geben. Ich spüre oft einen Krampf, eine Art Ball im Bauch, wenn ich von etwas die Finger lassen soll. Egal, wie sehr der Kopf mir sagt: »Das geht nicht, du bist verrückt, du versäumst eine Megachance.« Es hat immer gestimmt.

Der Kopf wiederum hat eine andere Aufgabe: **Er dient.**

Der Kopf ist sehr wichtig als treuer Diener und tolles Werkzeug. Dein Herz in Zusammenarbeit mit deinem Kopf und Körper ergeben ein ultimatives Team.

Du besitzt hier in der materiellen Welt genau zwei wunderbare Werkzeuge, mit denen du Erfahrungen sammeln kannst und damit deine Herzenswahrheiten materialisierst: Dein Kopf und dein Körper sind deine beiden Erfahrungs- und Umsetzungsinstrumente. Dank ihnen kannst du deinem wahren Wesen, deinen Talenten, deiner Liebe und somit deiner wahren Bestimmung, Ausdruck verleihen. Um in der dreidimensionalen menschlichen Welt der Regeln und Naturgesetze etwas erschaffen zu können, brauchst du Körper und Verstand.

Dein Verstand ist ein großes Angstvermeidungswerkzeug. Er schaut, wie er Angst und Schmerz vermeiden kann. Das ergibt auch Sinn, wenn es darum geht, sich vor dem Säbelzahntiger in der Höhle zu schützen. Wenn deine Heizung nicht mehr läuft, ergibt er Sinn. Er hilft dir, eine kalte Wohnung zu vermeiden und sagt dir: »Ruf einen Installateur an!« Der Verstand sieht das Problem genau dort, wo es ist. Bei einer kaputten Heizung, einem schlechten Businessplan, einem leeren Seifenbehälter und für alle Basics im Leben ist das genau richtig. Bitte verwende weiter deinen Verstand dafür. Doch die meisten Menschen versuchen auch, innere Themen wie Gefühle und Entscheidungen über das Leben mit dem Verstand zu lösen. Das führt zu Unklarheit und einem leidvollen Leben, denn dafür ist der Verstand nicht da. Er meint immer alles regeln zu müssen, obwohl er es nicht kann.

Die richtigen, für dich bestimmten Entscheidungen für dein Leben kannst du nur im Herzen lösen. Deine Gefühle kannst du auch nur gesund-lieben und nicht gesund-denken. Der Verstand ist nicht fähig, zu lieben. Er kennt nur Schwarz oder Weiß, gut oder böse, richtig oder falsch.

Konkret bedeutet das Folgendes:

Ob und was der richtige Job, der richtige Partner und der richtige Weg in deinem jetzigen Leben ist, entscheidest du hoffentlich mit deinem Herzen. Nicht mit deinem Kopf.

Wenn du die Entscheidung getroffen hast, beauftragst du deinen Kopf als deinen treuen Diener oder Mitarbeiter damit, diese bestmöglich für dich umzusetzen.

Nehmen wir an, du hast deine tiefste innere Wahrheit in Bezug auf deine Berufung getroffen. Dann hat dein Kopf die Aufgabe, den dafür bestmöglichen und effizientesten Weg zu finden. Dein Kopf ist in der Lage herauszufinden, welche Möglichkeiten und Ressourcen in der aktuellen Zeit zur Verfügung stehen. Dein Kopf kann sich an den richtigen Stellen informieren, was zu tun ist. Er weiß womöglich, dass die Bereitschaft, in dich selbst zu investieren, eine Ausbildung, gutes Marketing und vieles mehr notwendig sind. Ihm ist bewusst, dass du zu den richtigen Menschen gehen musst, die bereits dort angekommen sind, wo du hinmöchtest.

Was du in deinem spezifischen Businesskontext zu tun hast, ist abhängig von dem, was du vorhast. Aber das ist nicht das Thema dieses Buches. Es gibt in jedem Bereich ausreichend Quellen, Prozesse, Berater und Coaches, die dich auf deinem beruflichen Weg unterstützen können.

Mir ist primär wichtig, dir zu helfen, die richtigen Entscheidungen für dich zu treffen und die Rollenverteilung von Herz und Verstand zu verstehen. Mutig durch deine Ängste zu gehen, mit einem Bewusstseinszustand, der dich nicht selbst sabotiert.

Du siehst, der Kopf hat schon seinen Sinn. Vertauscht man aber die Tätigkeitsbereiche, so zerfällt das ganze System.

Stell dir bitte vor, du setzt in deinem Bauunternehmen deinen besten Handwerker in die Führungsebene und strategische Weiterentwicklung. Das Unternehmen würde zweifelsfrei binnen weniger Wochen oder Monate in Konkurs gehen.

Nicht weil er ein schlechter Arbeiter und Monteur wäre. Sondern weil er nicht dorthin gehört. Sein Platz ist auf der Baustelle, nicht vor dem PC. Umgekehrt passt der Vorstandsitzende oder Marketing Manager nicht an die Baugrube.

Weder der Handwerker noch die Führungskraft ist wichtiger oder unwichtiger als der andere. Nur gemeinsam, in guter Kooperation und jeder in der richtigen Rolle, kann das Unternehmen erfolgreich sein und bestehen.

Zusammengefasst: Der Kopf, also dein Verstand, ist als Diener, Werkzeug und umsetzender Mitarbeiter TOP! Als Herrscher, Chef auf der Führungsebene fehlt ihm die Qualifikation und er wird somit dein größter »Vernichter«, was ein glückliches Leben betrifft.

19

LASS DICH NICHT ABBRINGEN

Aus Erfahrung möchte ich dich auf einige der Hindernisse vorbereiten, die sich immer und immer wieder einstellen, wenn du große Veränderungen vornehmen willst. Es muss nicht so stattfinden. Das tut es aber relativ oft. Besser vorbereitet sein als überrascht. Besser ein »Werkzeug« mehr in der Tasche haben, das du vielleicht nicht brauchst, als umgekehrt.

Der Weg des Augenöffnens, des Wachwerdens hin zu einem wirklichen Leben durchläuft von der Essenz fast immer das gleiche Muster. Vom Kern her ist es immer ein und dasselbe: von der Unbewusstheit und Angstvermeidung zur Bewusstheit und der zum Ausdruck gebrachten Liebe, aus einem verengten Bewusstsein eines Nicht-Lebens zu einem weiten Bewusstsein und einem sich Erkennen.

Du veränderst also dein Bewusstsein, die Perspektive, aus der du das Leben betrachtest. Aber das Bewusstsein eines Großteils deines Umfeldes und der Blickwinkel, aus dem diese Menschen das Leben betrachten, haben sich nicht verändert.

Schon schwingt, sendet und empfangt ihr nicht mehr auf der gleiche Energiefrequenz. Ihr geht nicht mehr in Resonanz zueinander und seid damit nicht mehr auf der gleichen Wellenlänge. Ihr seid nicht mehr kompatibel.

Was zur Folge hat, dass deine Veränderung die Angst vieler Menschen in deinem Umfeld verstärken wird. Deine Einstellung und der neue Blick auf die Welt werden die meisten in deinem Umfeld nicht mehr tolerieren.

Je größer deine Veränderung ist, also je mehr du bisher ein Leben gelebt hast, das nicht deinem wahren Selbst entsprach, desto sicherer wirst du den Großteil deines alten Umfeldes verlieren. Und das ist auch gut so. Einige Zeit musst du fast alleine gehen, bis sich dein neues Umfeld gebildet hat.

Ein neues Umfeld, das wirklich deins ist. Das deinem authentischen Wesen entspricht und dich so liebt, wie du bist.

Der Weg in deine Freiheit und dein Glück ist eine Art Prüfung des Lebens. Du wirst verurteilt, verlassen, verunglimpft. An diesem Punkt geben viele auf. Sie halten den Druck von Familie und Umfeld nicht aus.

Kein Mensch, der sein Angstleben in ein echtes, geiles und freies Leben transformiert, hat den Großteil seines alten Umfeldes beibehalten können und davon auch noch Beifall bekommen.

Das ist der Preis. Deshalb gibt es auch weitaus mehr unglückliche als glückliche Menschen. Weil das Leben dir nicht alles einfach so in den Schoss legt.

Indem du beginnst, mutig deine Wahrheit zu leben, Träume zu realisieren, ein Angstleben aufzugeben, werden andere unbewusst in dir das sehen, was sie sich so sehr wünschen, wozu sie aber nicht den Mut aufbringen oder aufbrachten.

Aber keine Sorge: Menschen, die fix in dein Leben gehören und dich wirklich lieben, nicht deine Masken, kannst und wirst du nicht verlieren.

Dein Umfeld wird auf folgende Art und Weise auf deine Veränderung reagieren:

1. Einige wirst du mit deinem Licht entzünden und ihnen mit deiner Größe automatisch die Erlaubnis geben, auch zu leuchten. Sie werden durch dich wachgerüttelt. Nicht durch deine Worte, sondern durch dein Vorleben. Das ist dein Beitrag für eine nicht mehr schlafwandelnde und bessere Welt. Diese Gruppe an Menschen stellt jedoch den geringsten Prozentsatz deines Umfeldes dar.

2. Einige dieser von dir entzündeten Menschen werden zu dir kommen und den Hut vor dir ziehen. Sie werden von dir lernen wollen und sich inspirieren lassen.

3. Andere aus deinem Kreis werden ebenso ehrlich zu sich selbst und zu dir sein und den Hut vor dir ziehen. Aber sie werden dir auch ehrlich mitteilen, dass sie sich nicht in der Lage fühlen, solch einen Mut aufzubringen.

4. Der Großteil deines Umfeldes aber wird auf diesen Schmerz, den du durch dein Dich-Selbst-Leben triggerst, mit Kampf oder Trennung reagieren. Du hältst jenen Menschen glasklar den Spiegel vor.

Diese Menschen werden dich zum schwarzen Schaf erklären und versuchen, dich wie durch einen Sog wieder zurückzuholen. Damit du wieder »normal« wirst.

Dass ich nicht lache. Was ist bitte »normal«? Wenn jemand zu mir sagt, ich sei nicht normal, antworte ich ihm: »Gott sei Dank!

Stell dir vor, ich wäre normal. Das wäre schrecklich. Lieber nicht normal, aber glücklich, gesund, frei, erfüllt und in Besitz eines geilen Lebens, als normaler Durchschnitt und blind!«

Natürlich wirst du hier mit der stärksten Angst konfrontiert, die wir in uns tragen. Der Angst vor Ablehnung und der, nicht dazuzugehören. Nicht geliebt zu werden, wenn wir so sind und leben, wie wir sind. Doch glaube mir, es zahlt sich aus.

Leicht ist es nicht, aber die Belohnung ist die höchste, die du jemals in diesem menschlichen Leben erlangen kannst.

Aus diesem Grund schaffen es viele nicht. Sie vermeiden es, sich für einige Zeit dieser Ur-Angst auszusetzen und darin stehen zu bleiben, um dadurch endgültig zu heilen und Großes zu erfahren.

Du erschaffst nicht nur dein Leben, sondern du heilst deine alten kindlichen Wunden. Unglaublich, wie viel passiert und welche inneren Transformationsprozesse du gleichzeitig durchläufst auf deinem Weg zurück zu dir.

Eine gewisse Zeit lang wird es womöglich hart und unsexy sein. Aber spannend ist es immer. Du wirst dich lebendiger fühlen als jemals zuvor.

Doch was danach auf dich wartet, wird ein Leben sein jenseits deiner Vorstellungskraft.

Sobald du das Tief fühlst, bist du lebendig und in der Lage, auch das Hoch zu fühlen. Sobald wir die Nacht anerkennen, ist uns der Tag auch in seiner schönsten Pracht zugänglich. Wer bereit ist, die Kälte zu fühlen, der wird in der Verfassung sein, die absolute Wärme zu erfahren.

20

ES IST EGAL, WAS DU TUST

Gehe bewusster durch den Alltag und schaffe neue Gewohnheiten. Gewohnheiten, die dich von Abhängigkeiten befreien, anstatt dich süchtig und krank zu machen.
Werde selbst zu all dem, wonach du dich so sehr im Außen sehnst. Es geht nicht darum, WAS du tust, sondern ...?

Emotionale Abhängigkeit bzw. Sucht nach äußerer Anerkennung, Aufmerksamkeit und Liebe unterscheiden sich im Kernprinzip keinesfalls von anderen Süchten wie Drogen, Alkohol, Zigaretten ... Eine Sucht ist und bleibt eine Sucht – der Mensch ist krank. Er ist Sklave seines Verstandes und der äußeren Umstände, Dinge und Menschen. Und die einzig mögliche Heilung von Süchten ist der Entzug!

Stell dir vor, du bist süchtig nach Alkohol. Du weißt, der Entzug ist die einzige Heilung. Also entscheidest du dich, auf Entzug zu gehen und jeglichen Alkoholkonsum zu stoppen. Jetzt ist es wichtig, proaktiv Gefahren bzw. Verlockungen zu meiden. Du solltest dir also kein Bier kaufen und nicht in deine Stammkneipe gehen, wo all deine Alkoholikerfreunde auf dich warten. Damit entscheidest du bewusst und aktiv, von welchen Dingen du die Finger lässt.

Genau darum geht es in diesem Kapitel. Ich möchte dir Anregungen und Tipps geben, wie du eingefahrene, schädliche Routinen ***AKTIV*** *erkennst und durchbrichst. Routinen, mit denen du dir Fremdliebe und Fremd-Aufmerksamkeit holst. Oder Routinen, mit denen du versuchst, deine inneren emotionalen »Löcher« zu stopfen. Das Resultat ist das gleiche – Sucht, Abhängigkeit und Manipulierbarkeit. Ich zeige dir, wie du dich von dieser Selbstsabotage und Sklaverei befreist.*

Es ist egal, WAS du tust – die Frage ist, WARUM du es tust!

Dicke Autos mit lauter Musik, Anwesenheit in sozialen Netzwerken, ein neuer Bizeps, neue Brüste und Ähnliches sind NICHT AUTOMATISCH eine Sucht und ein Mittel zum Zweck für äußere Anerkennung! Lass dich nicht von dem Geschehen auf der Bühne des Lebens in die Irre führen. Es geht immer nur um das, was hinter der Bühne passiert. Somit ist es irrelevant, was du tust. Entscheidend ist, aus welcher Motivation heraus du es machst. Es geht um das Warum dahinter!

Wenn du also dein Auto aufmotzt und mit lauter Musik durch einen Stadtteil voller Menschen fährst, stellt sich die Frage: Tust du es, weil du das Leben und dich so toll findest, es dir einfach Spaß macht und dies ein Weg ist, wie du Freude und Liebe ausdrückst?

Dann ist das keine Abhängigkeit, Angst oder Sucht, sondern das absolute Gegenteil davon. Denn du bist wach und in deiner Selbstliebe. Du bist verliebt in dich und dein Leben. Das ist irdisch gelebte Spiritualität. Dann hast du begriffen, um was es in diesem Leben geht. Du schwingst energetisch hoch in der Liebe und erschaffst durch das Jetzt dein gesundes und erfülltes Morgen. Damit entzündest du andere Menschen mit deinem Licht. Toll!

Machst du es aber, weil du dir dadurch Aufmerksamkeit und somit Liebe von außen erhoffst, dann ist die pure Sucht, Angst und ein reines Mittel zum Zweck. In diesem Fall solltest du genau das unterlassen, wozu dich dein Bedürfnis antreibt. Denn damit würdest du die Sucht mehr und mehr füttern und am Leben erhalten. Dieses Futter sorgt für ihre Daseinsberechtigung.

Ein anderes, hoch aktuelles Beispiel: Teilst du beispielsweise in den sozialen Medien etwas Wertvolles von Herzen, weil du die Welt damit beschenken möchtest, dann gibt es nichts Schöneres und Spirituelleres als das. Vielleicht gehört das auch einfach nur zu deinem Beruf – alles wunderbar!

Postest du aber etwas, weil du dir »Likes« erhoffst und schon gespannt bist, wie viele dir einen erhobenen Daumen geben und dich somit »lieb haben«, und du das brauchst, weil du dir selbst diese Liebe nicht gibst, dann ist es Abhängigkeit.

Es geht also ausschließlich um das Motiv von allem, was du tust! Aus welcher Energie heraus du es tust – aus der Energie der Angst oder der Liebe.

Um auf das Beispiel mit den dicken Autos, der lauten Musik und den offenen Fensterscheiben zurückzukommen: Ich kenne einige Männer, die haben wirklich Freude an ihren Autos und freuen sich dabei wie kleine Burschen. Sie würden dies genauso auf einer einsamen Insel machen. Sie genießen, feiern und lieben sich. Somit sind diese Männer weitaus spiritueller, schwingend in Liebe und nützlicher für die Welt als manch andere Menschen, die weiß gekleidet mit Räucherstäbchen herumlaufen, die Welt bemitleiden, ihre Vorstellung von Heiligkeit demonstrieren und sich selbst nicht trauen, zu leben. Viele davon haben sich lediglich eine neue Maske mit dem Namen »erleuchtet« aufgesetzt.

Umsetzen im Alltag - Erkennen und Verändern in drei Schritten

*Da es noch viele automatisierte innere Programme in den meisten Menschen gibt, die solche Abhängigkeiten füttern, sind zunächst neue Gewohnheiten nötig, um die alten zu überschreiben. Dafür müsste man jedoch zuerst die alten Programme erkennen. Mach dir deshalb immer das Motiv hinter jedem Wunsch oder Bedürfnis bewusst. Lass am Anfang einen Zeitraum zwischen Bedürfnis und Aktion vergehen. Indem du versuchst, **DAS WARUM** hinter einer Idee, Routine, Handlung zu finden, und davon wiederum die tieferen WARUMS entdeckst, kommst du innerhalb von Minuten in die Klarheit. Du wirst so immer bewusster und bewusster, bis du irgendwann die WARUMS nicht mehr brauchst, weil das bewusste Handeln zu deiner neuen Gewohnheit geworden ist.*

Mache dir einen »Warum-Tag«. Im Kapitel mit »Grenzen setzen und Nein sagen« hatte ich dir auch geraten, fixe »Nein-Tage« durchzuführen, bis das zu einer neuen Gewohnheit geworden ist. So auch hier – plane dir einen oder mehrere fixe »Warum-Tage« ein. Bei allem, was du vorhast, sei es noch so belanglos (PC, Handy, Schokolade, Mail, Zigarette, Facebook, Anruf eines Freundes bzw. einer Freundin, Kommunikation mit Kollegen ...), prüfe zuerst das wahre WARUM dahinter. Ja, es ist am Anfang aufwendig. Aus diesem Grund empfehle ich dir einen oder zwei Tage in der Woche. Das ist ein begrenzter Zeitraum, für den du deinen Fokus aufrechterhalten und es dafür wirklich bewusst und ordentlich durchziehen kannst.

1. Erkennen:

Meistens versteckt sich der wahre Grund unter der Oberfläche, manchmal ziemlich tief darunter. Stell dir deshalb, nachdem du das erste WARUM herausgefunden hast, die Frage nach dem zweiten WARUM – also das WARUM des ersten WARUMS. Gehe, wenn es sein muss, bis an das dritte oder vierte WARUM des vorherigen WARUM hinunter. Solange, bis du den Kern, die Wurzel hast.

***Beispiel:** Nehmen wir an, du möchtest dir als Frau die Brüste vergrößern oder als Mann die Muskeln aufpumpen lassen. Die Sache an sich ist neutral. Du stellst dir die Frage nach dem ersten WARUM: »Warum will ich meine Brüste oder Muskeln vergrößern?«*

Vielleicht lautet ja die Antwort: »Weil es mir gefällt und ich es toll finde!«. Wenn dem so ist, dann wunderbar – mach dein Ding und habe Spaß dabei! Ich würde aber noch eine Etage tiefer gehen, um sicherzustellen, dass du deinem Verstand nicht auf den Leim gegangen bist. Also stelle dir die Frage nach dem zweiten WARUM deines ersten WARUMS: »Warum finde ich größere Brüste bzw. Muskeln toll?«

Jetzt wird es spannend. Beispiele, wie dein zweites WARUM lauten könnte: »Damit kann ich Männer und Frauen beeindrucken« oder aber »Seit ich klein bin, habe ich die Muskeln von Athleten oder große Brüste von Frauen bewundert und ästhetisch gefunden«. Du erkennst den großen Unterschied zwischen beiden Antworten? Dazwischen liegt der Ozean. Du könntest, je nach Situation, auch noch tiefer gehen, falls du spürst, immer noch nicht den Kern erreicht zu haben: »Warum finde ich große Brüste bzw. Muskeln an Menschen ästhetisch?«

Vielleicht sieht deine Antwort so aus: »Keine Ahnung, finde ich einfach schön!«. Dann liegt der wahre Grund ziemlich sicher an der Tatsache, dass dir große Brüste bzw. Muskeln gefallen. Lautet deine Antwort hingegen: »Weil einem dann jeder hinterherschaut, einen bewundert oder man damit seinen Wert steigert und sich über andere erhebt« (Stopfen des Minderwerts) sieht die Sache komplett anders aus.

Jetzt hast du hoffentlich dein wahres Motiv, dein Warum. Jetzt weißt du erst wirklich, was du tust. Alles andere ist unbewusstes Handeln.

*Die Übung mit den WARUM-FRAGEN ist für den Anfang sehr gut, bis du ein Gefühl für dich selbst entwickelst. Daher empfehle ich sie dir wärmstens. Falls sie dir aber zu schwierig, zu mühsam oder zu blöd ist, dann probiere folgende Variante: **Stell dir vor jeder Handlung diese Frage: Was erwarte ich, damit zu bekommen bzw. erreichen, was ich mir selbst NICHT gebe?***

Knüpfen wir hier wieder an das Beispiel mit den Brüsten und Muskeln an.

Wenn deine Antwort lautet: Keine Ahnung, es gefällt mir, ich habe Spaß, finde das cool ... dann scheint alles sauber zu sein – mach es und hab Spaß!

Lautet hingegen deine ehrliche Antwort: Ich erwarte endlich einen besseren Partner, endlich bin ich etwas wert und bekomme Aufmerksamkeit, werde gesehen. Wenn du das sagst, bist du in der Abhängigkeit, Sucht und somit in der Angst. Du bist dir dann selbst noch nicht der richtige Partner, deine eigene Kraftinsel, gibst dir noch nicht selbst deinen Wert, den Respekt und die Aufmerksamkeit, die du verdienst.

2. Entscheidung treffen:

So, jetzt hast du das wahre WARUM, dein Motiv dahinter, entlarvt. Somit bist du jetzt in der Lage, voller Selbstverantwortung bewusst zu entscheiden, wie du weiter vorgehst.

Stellt sich in der Selbstreflexion heraus, dass das wahre Motiv hinter deinem Tun oder deinem Vorhaben ein zweckmäßiges Mittel für fremde Anerkennung, Aufmerksamkeit und Liebe ist, dann solltest du diesen inneren Durst auf keinen Fall stillen. Gehe auf Entzug. Das fällt anfangs schwer, denn es fühlt sich an, als ob man einem Alkoholiker den Schnaps wegnimmt.

- *Hast du herausgefunden, dass du auf Facebook Inhalte eigentlich nur wegen der »Likes« postest, dann triff den Entschluss: »Ab jetzt poste ich nur mehr etwas, wenn ich es ehrlich, ohne Erwartung teilen möchte oder es beruflich muss.«*
- *Geh nur dann ins Fitnesscenter, weil es dir Spaß macht, es für deine Gesundheit wichtig ist oder du dir selbst gefallen möchtest.*
- *Habe eine Beziehung, Freunde und Hobbys. Aber bitte nur, wenn du deinen Partner, deine Freunde und Hobbys willst und nicht brauchst.*

- *Rufe nur dann einen Menschen an, sage nur dann etwas, wenn du es wirklich so meinst. Und nicht, wenn sich dahinter eine manipulative Botschaft, die vierundsechzigste Maske oder ein Schrei nach Liebe versteckt.*

3. Sich der (Sehn-)Sucht widmen

Widme dich jetzt deinem Entzug, deinem Schmerz, deiner Sehnsucht, deinem Haben-Wollen, dem inneren Drang – was auch immer du dabei verspürst. Bleibe in diesem Gefühl stehen und halte es aus. Abhängig davon, um welche Gewohnheit es sich handelt, kann es Tage, Wochen oder Monate dauern, bis du »clean« bist. Nutze, wenn nötig, den Trick aus den Vorkapiteln mit dem »Setzen von Fristen« sowie die Angstpyramide.

Solltest du schmerzhafte Gefühle haben, weißt du ja, wie du damit umzugehen hast (erinnere dich an das Kapitel der inneren Liebesarbeit – Visualisierung mit dem inneren Kind).

Du bist bereits vollständig mit höchst effektivem und pragmatischem Werkzeug gerüstet. Beginne nun, damit zu arbeiten. Ein toller Hammer, Schraubenzieher und eine teure Markenbohrmaschine sind tote Gegenstände, wenn sie nur in der Werkzeugkiste im Keller gelagert werden. Dafür sind sie nicht gedacht und gemacht worden und dafür wurden sie nicht gekauft.

21

BEREINIGE DEN RUCKSACK DEINER VERGANGENHEIT

Die Vergangenheit macht dich zu dem, was du bist – stärker, weiser und größer. Oder eben das Gegenteil davon. Es liegt in deiner Hand. Denn du hast die Macht und Verantwortung, zu entscheiden, ob du dich als Opfer oder als Schöpfer deiner Vergangenheit, Gegenwart und Zukunft sehen möchtest. Es ist ausgesprochen dumm, nicht zu vergeben und mit Groll und Hass im Bauch herumzulaufen. Und es ist leichtsinnig und verantwortungslos sich selbst gegenüber, im Widerstand zu dem, was war, zu sein. Denn das alles schwächt dich! Das alles ist in dir!

Ich freue mich, und fühle mich geehrt, unsere gemeinsame Reise bald zu vollenden. Und Respekt, dass du mich bis hierher ausgehalten hast 😊!

Eine letzte Sache möchte ich dir unbedingt noch mitgeben: Schließe bitte Frieden mit deiner Vergangenheit. Andernfalls bestreitest du deinen Weg mit einem überfüllten Rucksack und unnötig schweren Gewichten.

Dieses Kapitel hätte ich genauso gut in die vorangegangenen Kapitel integrieren können. Der Grund, weshalb ich dem Thema ein eigenes, wenn auch nur kurzes Kapitel widme, liegt in dessen

Wichtigkeit. Aus diesem Grund werde ich mich hier möglicherweise in einigen Punkten wiederholen, die ich für höchst relevant halte.

Es gibt zwei Möglichkeiten, wie sich mein Leben aufgrund meiner Vergangenheit hätte entwickeln können.

A) Ich hätte daran zugrunde gehen können.

B) Ich hätte daran (er-)wachsen und stärker werden können.

Ich habe mich für die zweite Variante entschieden.

Ja, es ist wirklich eine Frage der Entscheidung. Eine Entscheidung, aus welcher Perspektive du auf dein Leben blickst. Von welchem Berggipfel aus möchtest du deine Vergangenheit betrachten?

Siehst du dich als Opfer deiner Vergangenheit, deines Schicksals, deiner Eltern, deines Umfeldes, deines Landes und von allem, was dir widerfahren ist?

Empfindest du deine Vergangenheit wie einen Rucksack voller unnötiger und schwerer Steine?

Aus dieser Perspektive gibt es weder Lösung noch Heilung oder Rettung.

Oder siehst du deine Vergangenheit als deine persönliche Goldmine und einen Rucksack voller Kompetenzen, Erfahrungen, Fähigkeiten, durch die dein Jetzt – und damit deine Zukunft – besser wird?

Aus dieser Perspektive siehst du die Welt ganz anders. Das ist die einzige gesunde Betrachtung deiner Vergangenheit. Zumindest Akzeptanz. Noch besser wäre es, sie zu lieben.

Denn sobald du auch nur irgendetwas aus deiner Vergangenheit ablehnst, lehnst du Teile von dir und somit DICH ab. Das weiß dein Unterbewusstsein, dein inneres Kind, und du bekommst es zu spüren. Deine Vergangenheit ist ein Teil von dir. Du kannst nicht davor weglaufen. Egal in welches Land oder auf welchen Kontinent du zu fliehen versuchst.

Liebst oder akzeptierst du etwas an dir nicht, so liebst du einen Teil von dir nicht. Solange du nicht im Frieden mit deiner Vergangenheit bist, wirst du überall auf Unfrieden stoßen. Gespiegelt durch Stellvertreter wie Chef*in oder Partner*in als Vertreterfigur des Vaters oder der Mutter.

Du kannst es dir also gar nicht erlauben, deine Vergangenheit nicht anzunehmen, sofern du dir etwas wert bist. Erst wenn du sie annimmst, lässt sie dich los. Auch das haben wir ja bereits durch. Du kannst nichts loslassen. Es lässt dich los, sobald du es angenommen hast.

Geburt der Berufung

Die meisten Traumberufe von Menschen sind auf Basis ihrer Vergangenheit entstanden. So auch bei mir. Ich könnte ohne meine Vergangenheit niemals der Mensch und vor allem der bessere Life-Coach von heute sein, der unzähligen Menschen in ihre wahre Kraft und Größe helfen konnte. Meine Vergangenheit war meine Bestimmung, mein Seelenplan, etwas, was ich aus höherer Ebene selbst gewählt habe. Ich bin doch nicht gegen etwas, was ich selbst erschaffen habe.

Ausreden

Viele Menschen nutzen besonders gerne ihre Vergangenheit als Ausrede für ihre Gegenwart. Damit erschaffen sie selbst ihr Schicksal und ihre entsprechende Zukunft.

Jeder hat eine Vergangenheit und jeder hat Erfahrungen wie Angst, Ohnmacht, Trauer, Verlust gemacht. Niemals sollte die eigene Vergangenheit als Ausrede und Grund für eine Selbstaufgabe im Hier und Jetzt sein. Damit erschaffst du deinen eigenen Untergang und machst dich selbst zum Opfer.

Hier und Jetzt

Es geht aber nicht nur um die Retro-Perspektive und das Resultat, was deine Vergangenheit aus dir Tolles und Besseres gemacht hat. Diese Betrachtungsweise ist absolut wichtig und konstruktiv.

Verlieren solltest du dich dennoch nicht darin. Denn es geht auch um das JETZT.

Alles scheinbar Dramatische und »Schlechte« im Jetzt sollten wir nicht nur wartend absitzen, im Vertrauen und Wissen, dass es rückblickend Sinn ergeben wird. Denn dann verpassen wir das Wichtigste und Einzige, das existiert – DAS JETZT.

Wir haben das Privileg und die Chance bekommen, hier alles erfahren und fühlen zu dürfen. Das Leben ist, wie anfangs von mir erwähnt, ein teures Gourmet-Event mit einem riesengroßen Büffet. Und du hast sogar ein kostenloses Ticket dafür bekommen!

Wie geil ist das denn? Wir dürfen weinen und lachen. Wir dürfen Trauer und Glück erfahren. Wir dürfen Depression und Begeisterung fühlen. Wir erfahren Angst und können somit auch Liebe erfahren. Uns ist es gestattet, zu fallen und jedes Mal wieder aufzustehen. In der Welt der Polarität wissen wir ja, dass das eine ohne das andere - sein Gegenteil - nicht geht. Um Liebe fühlbar zu erfahren, brauchen wir die Angst.

Maßnahmen und Übungen für deinen inneren Frieden, mit allem, was war

Reale Treffen

Versuche, alles unter den Teppich Gekehrte, alles Ungeklärte und sämtliche emotionalen Verstrickungen in realen Treffen mit Menschen zu klären. Vor allem mit Vater, Mutter, Bruder und Schwester. Habe den Mut für ein Aufklärungsgespräch, eine Versöhnung oder was eben nötig ist. Die Tools, wie du mit deinen Ängsten diesbezüglich umgehst, hast du ja alle schon.

Schreibe einen fiktiven Brief

Falls ein reales Treffen nicht möglich oder sinnvoll ist, weil Umstände wie ein extrem zerrüttetes Verhältnis, absolute Respektlosigkeit bzw. eine unmögliche Kommunikation vorherrschen oder der Mensch nicht mehr am Leben bzw. nicht mehr ansprechbar ist, dann schreibe dieser Person einen fiktiven Brief. Also einen Brief, den du natürlich nicht real abschickst. Es spielt für die innere Heilung und dein Unterbewusstsein keine Rolle, ob jene Person diesen Brief wirklich erhalten hat oder nicht.

Schreibe alles nieder, was du und dein inneres Kind zu sagen haben. Alles was du vielleicht als Kind zurückgehalten hast. Ehrlich, authentisch und klar, ohne Umschweife. Angestaute Energien müssen allererst befreit werden. Erst dann ist innerer Frieden wirklich möglich. Mit unterdrückter Wut ist realer innerer Frieden ein Ding der Unmöglichkeit. Dieser innere angestaute „Dampf" muss sich erst einmal entladen. Danach kannst du erst vergeben.

Nimm dir für diesen Brief ausreichend Zeit und Ruhe. Schalte dir, wenn du magst, entspannende Musik ein. Nimm dir ein Glas Wein, wenn du magst.

Mache eine Art Zeremonie daraus.

Es geht darum, diesen Moment für dein Unterbewusstsein richtig hochzuschaukeln, damit er als wichtig wahrgenommen wird. Wenn du das gut machst, kann dein Kopf kaum unterscheiden, ob es eine Übung oder eine reale Situation ist.

Anschließend kannst du in einem Folgebrief oder vielleicht sogar im selben, in die Vergebung gehen (falls es etwas zum Vergeben gibt). Je nachdem ob sich deine innere angestaute Energie schon entladen hat.

Schreibe dann in diesen Vergebungsbrief sinngemäß in deinen eigenen Worten folgendes:

Jeder von uns hat anhand seines ihm verfügbaren Bewusstseinszustandes gehandelt. Was war, das war. Ich möchte dir nun sagen: ICH VERGEBE DIR! ICH LIEBE DICH BEDINGUNGSLOS – SO, WIE DU BIST! Ich bitte dich, auch mir zu vergeben. Es tut mir wirklich leid. Verzeihe mir bitte für alles, womit ich dich bewusst oder unbewusst verletzt habe.«

Sich die Geschichte neu erzählen

Nun solltest du dir deine Geschichte neu erzählen. Aus der richtigen (erwachsenen!) Perspektive. Denn wie du über deine Vergangenheit fühlst, ergibt sich aus deiner Betrachtungsweise.

Du hast die Vergangenheit höchstwahrscheinlich bisher vom Gipfel des Opferdaseins betrachtet. Dementsprechend hast du alles so wahrgenommen und die damit verknüpften Gefühle aktiviert.

Also erlebe und bewerte im Geiste die wichtigsten Ereignisse neu, die dich negativ stimmen. Durchlebe im Geiste und beurteile alles – ABER NICHT MEHR AUS DER KINDLICHEN OPFERPERSPEKTIVE. Schaue auf das halb volle Glas. Suche so lange, bis du das Geschenk in den negativen Geschehnissen entdeckst.

- *Finde den darin enthaltenen Weg deiner Bestimmung.*
- *Was hast du Wertvolles daraus gelernt?*
- *Mit welchen Kompetenzen konntest du dich rüsten, die du sonst niemals hättest?*
- *Wo liegen darin Botschaften oder Meilensteine, die du z. B. für deine Berufung sammeln musstest? Vielleicht verdienst du bereits aufgrund deiner Vergangenheit dein jetziges Geld. Oder du entdeckst jetzt, was deine wahre Berufung ist. Die besten Therapeuten und Coaches sind nur deshalb so gut, weil sie entsprechende Erfahrungen in ihrer Vergangenheit gemacht haben. Erfolge, Fähigkeiten, Talente vieler Sportler, Künstler, Geschäftsleute, Mediziner, Erfinder – sie alle sind oft erst aus ihrer schweren Vergangenheit entstanden.*
- *Versuche, dich im Fall von vergangenen Konflikten in die andere Person hineinzuversetzen. Wie war das Innen- oder auch Außenleben dieser Person? Warum hat sie so agiert, wie sie es getan hat? War sich diese Person ihrer Handlung bewusst? War das wirklich ein Akt von Hass oder eigentlich ein Schrei nach Liebe? Denn wisse – was eine Person tut und sagt, sagt alles darüber aus, was sie über sich selbst denkt und fühlt. Ein Mensch, der sich liebt und bei Bewusstheit ist, ist NICHT in der Lage, jemanden zu verletzen. Unmöglich.*

Alte Trauer verarbeiten

Hast du noch alte ungelöste Trauer in dir, solltest du sie rauslassen, rausweinen. Isoliere dich und führe Trauerabende durch. Schalte dir Musik ein, die deine alte Trauer hochholt, und weine wie ein Kind. So lange, bis du nicht mehr kannst. Du löst alte Themen und machst extrem viel Tagesenergie frei, die vorher für das Deckeln und Unterdrücken der Trauer zuständig war. Du reinigst deinen Körper von alten gespeicherten und zerstörerischen Energien, die dich krank machen und dir deine Kraft abzapfen. Mache es und du wirst sehen. Mehrmals, bis alles verarbeitet und kein »Müll« mehr in dir ist. Das kann Tage, Wochen oder Monate dauern. Je nachdem, wie viel und wie lange du deine Trauer unterdrückt hast. Bei mir waren es Monate, bis ich die Trauer und das Weinen über den Tod meines Vaters vollständig nachgeholt hatte. Und ich musste dafür erst erwachsen werden.

Habe Geduld. Die Aufarbeitung der Vergangenheit ist ein Prozess – kein Produkt. Aber ohne eine geheilte Vergangenheit sind deine Gegenwart und Zukunft zum Scheitern verurteilt. Denn die ganzen Schuldgefühle und Urteile, die du in dir trägst, sind eben da.

Vergiss nicht: Das Leben funktioniert immer in eine einzige Richtung - von innen nach außen. Du erschaffst von innen nach außen. Wenn du in dir Gefühle von Ärger und Wut trägst, verursachst du eine ärgerliche und wütende Zukunft.

22

ALLES AUF DEN PUNKT GEBRACHT

Ich möchte dir die wichtigsten Kernbotschaften bzw. Schritte der Free-Your-Life-Formel noch einmal kurz und knackig auf den Punkt bringen.

1. Befreie dich aus dem geistigen Käfig, dessen Gitterstäbe aus folgendem »Material« bestehen:

- ein allgemeingültiges Richtig oder Falsch
- die kindlich erlernte Illusion von Schuld
- allgemeingültige Wahrheiten, Werte, (gesellschaftliche) Moralvorstellungen

2. Finde DEINE eigenen Werte, deine Ethik, die deinem wahren Wesen, deiner wahren Natur entsprechen. Kenne aber nicht nur deine Werte, sondern kommuniziere sie und sorge für deren Einhaltung.

3. Setze gesunde Grenzen im Außen und verinnerliche das Zauberwort Nein.

Wenn dich das Verhalten eines anderen schmerzt, gibt es nur drei Möglichkeiten:

- Entweder wird einer oder mehrere deiner Werte verletzt – dann sorge dafür, dass sie eingehalten werden.
- Oder es wurde ein altes verdrängtes Gefühl in dir durch den anderen gespiegelt, aktiviert und sichtbar gemacht. In so einem Fall setze auch gesunde Grenzen, erkenne das darin enthaltene Geschenk und wende dich deinem Gefühl zu. Es will angesehen und gefühlt werden, damit es sich »verstoffwechselt« und auflöst. Frage dich: Wie heißt das Gefühl, dass ich durch die Aktion des anderen spüre? Jeden Angriff von außen kannst du nutzen, um stärker zu werden, um deine Liebe zu dir zu erhöhen.
- Hinter dem Schmerz kann auch ein unbewusster Glaubenssatz von dir stecken. Auch das ist ein Geschenk – du hast die Möglichkeit bekommen, einen Glaubenssatz über dich zu erkennen und bewusst zu verändern. Frage dich: Was hat das, was mich hier berührt, mit meinem unbewussten Glauben über mich zu tun? Was glaube ich über mich?

4. Finde deine eigene aktuelle Wahrheit hinsichtlich Berufung, Partnerschaft, Lebensstil, Träume, etc. Das ist deine Soll-Situation.

5. Unterziehe nun deine aktuelle Ist-Situation deiner Lebensbühnen (Berufung, Partnerschaft, Finanzen) einer ehrlichen Überprüfung und vergleiche deinen Soll-Zustand damit. Mache dir bewusst, ob und wenn ja, wo und was es zu verändern gilt,

um in dein ideales, für dich bestimmtes Traumleben zu gelangen. Bringe also dein gesamtes Leben in Ordnung. Sorge für dich und setze deine Entscheidungen mutig, entschlossen und voller Zuversicht um. Das Werkzeug dazu hast du. Lass dich nicht aufhalten und glaube an dich!

Manches kannst du verändern, indem du deine Einstellung dazu änderst. Anderes kannst du im Außen verbessern bzw. eine (gemeinsame) Lösung dafür finden. Und ja, manches (oder vieles bis alles) musst du womöglich verlassen. Nutze das Angstpyramide-Modell, um eventuell etappenweise Veränderungen durchzuziehen, wenn du zu viele Baustellen hast. Wisse, für welche Entscheidungen und Aufgaben du dich an dein Herz und für welche an deinen Kopf, deinen Verstand wendest.

Mache die Angst zu deinem Freund und wisse, dass sie dein einziger Pfad und Schlüssel zu deinem erfüllten, freien und selbstbestimmten Leben ist. Folge ihr einfach. Der Weg in dein Glück führt immer durch deine größten Ängste und Selbstzweifel.

6. Lege ein ordentliches energetisches Fundament für deinen Weg von Wünschen, Zielen und Wahrheiten. Mache dir deine alten schädlichen Glaubenssätze bewusst, mit denen du Mangel verursacht. Ersetze deine Glaubenssätze durch NEUE, die dich deinen Wünschen näherbringen, anstatt sie dir ständig vom Hals zu halten. Werde magnetisch für Fülle und Glück. Lasse das stärkste universelle Gesetz von Ursache und Wirkung (Resonanz - Anziehung) für dich anstatt gegen dich arbeiten.

7. Während du mutig all deine Herausforderungen im Außen meisterst, vergiss bitte nicht, auch nach innen zu schauen. Und damit meine ich nicht nur dann, wenn dich das Verhalten eines anderen schmerzt (wie im Punkt 3 erklärt). Ich meine damit, dir ganz bewusst Zeit für dich zu nehmen, ohne Erwartungen,

Aufgaben, Tun, Handy etc. Gehe in die Stille. Wende dich deinen vor allem angstbasierten Gefühlen, deinem inneren Kind zu. Werde weich und widerstandlos zu dir. Nimm dich an, wie du bist, und schätze dich in deiner Ganzheit. Nutze die ausgesprochen effektive Meditation zum inneren Kind. Damit legst du die Identifikation mit deinen Gefühlen ab und lernst, sie einfach nur erwachsen zu halten und zu lieben, damit deine Selbstliebe zur gefühlten Realität wird. Dann bist du unabhängig und unaufhaltbar.

8. Schließe Frieden mit deiner Vergangenheit. Sie bestimmt deine Gegenwart und deine Zukunft. Denk daran – alles, was du an Negativität in dir trägst, ist in dir. Damit verursachst du dein eigenes liebevolles oder hasserfülltes Schicksal.

9. Gehe bewusster durch den Alltag und schaffe neue Gewohnheiten. Gewohnheiten, die dich von Abhängigkeiten befreien, anstatt dich süchtig zu machen. Werde selbst zu all dem, wonach du dich so sehr im Außen sehnst.

23

SCHLUSSWORT

Wow! Wir sind am Schluss unserer gemeinsamen Reise angelangt.

Ich hoffe, es war für dich genauso spannend wie für mich. Ich würde mich unglaublich freuen, wenn ich zu mehr Klarheit und Wachheit in deiner Entwicklung auf deiner ganz persönlichen Heldenreise beigetragen habe.

Versuche, alle Schritte, Maßnahmen und Techniken der Free-Your-Life-Formel umzusetzen und vergib dir bitte jedes Mal dafür, wenn du wieder kurzzeitig in alte Muster verfällst. Wenn du zurückgeworfen wirst in deine Unbewusstheit. Das ist ganz normal. Es ist eben ein Wachstumsprozess. Verurteile dich nicht für jedes Hinfallen. Ehre deine Bereitschaft und deinen Mut, dich auf diesen Prozess eingelassen zu haben, und freue dich über jedes Aufstehen. Denn darum geht es. Nur darum.

Setzt du die Sachen aus diesem Werk um, kannst du Glück und Fülle überhaupt nicht mehr vermeiden!

Du schaffst es! Womöglich weißt du es nur noch nicht. Aber ich weiß es, und ich glaube fest an dich!

Vergeude also keine weitere Sekunde deines geschenkten Lebens damit, dich deinen Ängsten und Selbstzweifeln auszuliefern. Erfahre, was echtes Leben bedeutet. Warte nicht auf die Erkenntnis auf dem Sterbebett und die Hoffnung auf einen Rückspulknopf.

Triff daher Jetzt eine Entscheidung. Entscheide dich JETZT für dich und sag wirklich JA zu dir. Um zu erfahren, dass du größer bist als deine Angst. Und ich verspreche dir: **Das wird der KICK-OFF IN DEIN WAHRES LEBEN.**

Ich wünsche dir alles nur erdenklich Beste aus tiefstem Herzen. Viel Wahrheit und Klarheit. Viel Erfolg, Freude und Hingabe auf der spannendsten aller Reisen: die Rückkehr zu dir selbst.

DEIN REAL-LIFE-COACH

Kristian Ignatov

ÜBER DEN AUTOR

Kristian Ignatov ist internationaler Speaker, Real-Life Coach und Trainer in dem Combat System, das Spezialeinheiten wie den NAVY SEALS, FBI und SWAT gelehrt wurde.

Seine jahrelangen Erfahrungen hat er zu einer effektiven und tausendfach erprobten Formel entwickelt – die Free-Your-Life-Formel. Er liebt es, Menschen in ihre wahre Kraft und Größe zu bringen, in ein freies und erfülltes Leben.

Bereits als kleiner Junge wurde Kristian mit Todesangst, Verlust, Ausgrenzung, Gewalt und Minderwert konfrontiert. Als 6-Jähriger flüchtete er aus dem kommunistischen Bulgarien. Die traumatische Zugfahrt durch den kriegsgeschüttelten Balkan, die Flucht durch den Wald mit Restminen und Grenzkontrollen sowie der Aufenthalt im Traiskirchner Flüchtlingslager waren der Anfang seiner Lebensreise. Durch den frühen Tod seines Vaters brach für ihn endgültig die Welt zusammen. In der Schule entwickelte Kristian die innere Überzeugung: »Ich bin weniger wert als die anderen, weil ich fremd bin.«

Seitdem kontrollierten Angst, Zweifel, Minderwert und Depression die ersten drei Jahrzehnte seines Lebens. Kristian hat viele Jahre Selbstwert und Trost im Außen gesucht. Nun zeigt er in seinen Reden, Büchern und Seminaren einen funktionaleren Weg aus dem Opferbewusstsein.

Er entzündet wieder das Feuer in Menschen und bringt sie mit seiner Lebenskraft direkt ins Handeln. Kristian inspiriert, motiviert, bewegt und macht vor allem wach. Dabei hilft er, die eigene Komfortzone zu verlassen.

Durch seine früheren Lebensstationen, die Kampfkunst und Musik, konnte er viele weitere Aspekte des menschlichen Lebens kennenlernen und vertiefen. Das macht ihn zu einem ganzheitlicheren Life-Coach.

www.kristianignatov.com

Printed in Poland
by Amazon Fulfillment
Poland Sp. z o.o., Wrocław

61670185R00125